101 Sachen machen

Alles, was Du in Stuttgart
erlebt haben musst

Für Gudrun Arp

Ute Friesen

101

SACHEN MACHEN

Alles, was Du in

STUTTGART

erlebt haben musst

INHALT

VORWORT

In Stuttgart kann man unzählige Dinge machen. Es gibt sogar Orte, an denen man gar nichts zu machen braucht, außer zu beobachten und zu entspannen. Die Auswahl für dieses Buch ist rein subjektiv, aber sie spiegelt wider, wie ich die Stadt sehe – vielseitig, lebendig, aufregend, kreativ.

Die Region Stuttgart ist zweifelsfrei wohlhabend, aber sie wurde es erst durch die Industrie, die Stuttgart natürlich prägt. Stuttgart ist nicht nur Bosch, „der Daimler" und Porsche. Stuttgart war zwar Residenz, aber hatte nach dem verschwenderischen Carl Eugen eher bodenständige Monarchen. So haben viele Sachen, die man in Stuttgart machen kann, mit Technik, Infrastruktur und der Geschichte der Arbeit zu tun.

Stuttgart ist darüber hinaus eine internationale Stadt. Der Anteil der Einwohnerinnen und Einwohner mit Migrationshintergrund liegt bei 39 Prozent. Das ist zwar weniger als in Frankfurt, aber deutlich mehr als in Berlin. Stuttgart ist die Heimat von Menschen aus über 170 Nationen. Neben Schwäbisch werden über 120 Sprachen gesprochen – das kann nicht jede Stadt über sich sagen!

Stuttgart ist auch eine Tanz- und Theaterstadt. Und dennoch habe ich weder das stets ausverkaufte Ballett, Eric Gauthiers Dance Company, noch die regelmäßig zur Oper des Jahres gekürte Oper, weder das monumentale Musical im SI und auch nicht die Rampe, das Studiotheater, das Theaterschiff, die Tribüne oder das Theater der Altstadt aufgenommen, das hätte den Umfang des Buches leider gesprengt. Aber ein Blick auf das Stuttgarter Opern- und Schauspielprogramm lohnt immer!

Einst brachten es das Äffle und das Pferdle gut auf den Punkt:
Äffle: „Was isch groß?" Pferdle: „Woiß ned." Äffle: „En Elefant. - Ond was isch no greßer?" Pferdle: „Woiß ned." Äffle: „Schtuargert. Ond was isch iberhaupt am aller greschta?" Pferdle: „?" Äffle: „Lensa mit Schpätzla ond Soitawischtla!"

Lassen Sie sich mitreißen von dieser und meiner Begeisterung für Stuttgart!

WELTEN VERBINDEN

Linden-Museum Stuttgart

E in Völkerkundemuseum, zumal wenn es eines der bedeutendsten in Europa ist und 160.000 Objekte besitzt, ist großartig. Die Bestände des Linden-Museums sind ein Schatz, will man die Kulturen der Welt und ihre Geschichte verstehen. Aber sie sind auch eine immense Herausforderung. Wie präsentiert man andere Kulturen ohne exotistische Verklärung? Wie zeigt man nicht nur Verschiedenheiten, sondern auch Verbindendes? Wie geht man mit all den Stücken um, die durch koloniale Handelsbeziehungen nach Stuttgart gelangt sind?

Im Linden-Museum in Stuttgart bemüht man sich immer mehr, bei der Konzeption von Ausstellungen mit Menschen aus den Herkunftsländern der Ausstellungsstücke zusammenzuarbeiten – sich zu fragen, wie die Menschen selbst ihre eigene Kultur sehen, sie empfinden und erklären. Langsam schreitet diese Umstrukturierung voran – und das bedeutet wesentlich mehr, als Statuen abzustauben und neu zu ordnen! Es bedeutet, eine Erforschung der Herkunft dieser Objekte und eine Erarbeitung des Kontextes, in dem sie einst gestanden haben.

Die Ausstellung zu Afrika zeigt auffallend viele Exponate aus dem Grasland Kameruns und dem Königreich Benin im heutigen Ghana. Bei den Platten des Königspalastes, die auch Europäer zeigen, wird der Blick gespiegelt: Wie haben die afrikanischen Kulturen die Portugiesen wahrgenommen, die kamen, um ihnen ihre Gefangenen als Sklaven abzukaufen?

Der Nachbau einer afghanischen Basarstraße ist einer der Höhepunkte der Orientabteilung, ein nachgebautes japanisches Teehaus das der Ostasienabteilung, die Sammlung geschnitzter Gürtelknebel, genannt Netsuke, ist weltweit die bedeutsamste und ein Schmuckstück des Museums.

Im Linden-Museum gibt es nicht nur alte Objekte zu sehen, man kann auch viel über heutige Kulturen lernen, egal, ob es um Superhelden in afrikanischen Comics geht oder um eine japanische Ikebanazeremonie.

LAGE: Linden-Museum Stuttgart, Staatliches Museum für Völkerkunde, Hegelplatz 1, 70174 Stuttgart

ÖFFNUNGSZEITEN: dienstags bis samstags 10.00–17.00 Uhr, sonn- und feiertags 10.00–18.00 Uhr

VERANSTALTUNGEN: www.linden-museum.de/erleben/veranstaltungen

HALTESTELLE: Linden-Museum

ZÄHLEN UND ZEICHNEN

Mathe.Entdecker.Pfade

Mathe erleben viele Schülerinnen, Schüler und die, die es mal waren, als etwas Abstraktes, das nur in Schulbüchern vorkommt. MathCity-Map (MCM) will diesem Vorurteil begegnen. Das Onlineportal verfolgt das Ziel, dass Interessierte ihre Umwelt aus einer neuen, mathematischen Perspektive entdecken können.

Die Idee dahinter: Unsere Kultur, also alles, was vom Menschen erschaffen wurde, ist voller Mathematik: Längen, Flächen, Steigungen, regelmäßige geometrische Formen, Volumina und vieles mehr. Man müsse, so steht es auf der Homepage, nur mit dem richtigen Blick für diese Dinge durch die eigene Umwelt gehen.

In Stuttgart gibt es in der Nähe der Börse gleich sechs sogenannte Math Trails, also mathematische Wanderpfade. Sie richten sich an verschiedene Altersgruppen und Wissensstände. Auf der herunterladbaren Karte sind interessante Objekte markiert, die jeweils mit einer mathematischen Fragestellung verbunden sind. Man braucht also ein Geodreieck, ein Maßband oder einen Meterstab, ein Papier und einen Stift – und natürlich ein Handy für die Aufgaben. Damit hat man dann auch schon einen Taschenrechner zur Hand.

Die Aufgaben kann man aber auch als PDF herunterladen und ausdrucken, falls man keine Lust hat, beim Rechnen auf ein mobiles Endgerät zu schauen.

Eine Aufgabe lautet zum Beispiel, den eigenen Kopf zu vermessen und das Verhältnis zur eigenen Körpergröße herauszufinden. Anschließend misst man die Skulptur „Der Denker" und errechnet, wie groß der Körper sein müsste, der zu diesem Bronzekopf passt.

Zu jeder Aufgabe gibt es Tipps, etwa, dass man bei der Geschwindigkeitsbestimmung der Rolltreppe hinunter zur U-Bahn die Länge der Treppe errechnen kann, indem man die Abdeckungen neben dem Handlauf zählt. Je nachdem, welcher Schwierigkeitsgrad gewählt wird, kann man auf dem Trail gut drei Stunden begeistert Mathe erleben.

Wer sich von der Idee der Math Trails begeistern lässt, kann selbst neue entwickeln und auf die Internetseite stellen.

LAGE/BEGINN: Börse Stuttgart AG, Börsenstraße 4, 70174 Stuttgart
INFO: www.mathcitymap.eu/de
HALTESTELLE: Börsenplatz

3 GLOBAL FEIERN

Forum der Kulturen

Sechs Tage lang wird im Juli beim „Sommerfestival der Kulturen" in Stuttgart getanzt, gefeiert und geschlemmt. Stars der internationalen Musikszene begeistern mit Konzerten. Es gibt von allem etwas: Klezmer, Balkanbeats, Folksongs, Dub und Reggae, Tanzmusik von den Kapverdischen Inseln, Gipsy, Funk und orientalischen Rock – und das Ganze bei freiem Eintritt!

Auf dem Marktplatz steht die Bühne, vorne ist Platz zum Tanzen, der Rest des Marktplatzes steht voller Festgarnituren. Ehrenamtliche schenken Getränke aus, der Erlös finanziert das Fest ebenso wie die Tombola, zu der Stuttgarter Läden und Einrichtungen Preise spenden. Mittanzen ist toll, aber mitmachen noch toller. Die Atmosphäre beim Zapfen und Spülen ist großartig. Wer mithelfen will, kann sich beim Forum der Kulturen melden, das das Festival organisiert.

Die Vormittage am Wochenende sind den Kulturgruppen von Stuttgarter Migrantenvereinen vorbehalten. Über 40 Vereine tanzen, singen, machen Musik und präsentieren Elemente ihrer Herkunftskultur. Für kulinarische Köstlichkeiten aus aller Welt und ein reiches Kulturprogramm sorgen ebenfalls die Stuttgarter Migrantenvereine. Da stehen Stände mit Langos neben Tapas und Currys. Eriträische Köstlichkeiten werden neben kurdischen angeboten. Mit dabei ist auch ein bunter Markt der Kulturen, der sich durch die Seitenstraßen des Marktplatzes zieht.

Das Festival unter der Schirmherrschaft des Oberbürgermeisters ist ein Signal gegen Rassismus und Ausgrenzung jeglicher Art. Es zeigt, dass Vielfalt gelebt werden kann und uns alle bereichert. Die Arbeit des Forums der Kulturen beschränkt sich nicht auf sechs Tage im Jahr. Monatlich wird die Zeitschrift „Begegnung der Kulturen – Interkultur in Stuttgart" herausgegeben mit einem Veranstaltungsverzeichnis.

Rund 40 Prozent der Stuttgarterinnen und Stuttgarter sind in den letzten 50 Jahren zugewandert oder haben mindestens einen Elternteil, der außerhalb Deutschlands geboren wurde. Das Forum der Kulturen engagiert sich für Partizipationsmöglichkeiten und sorgt dafür, dass die kulturelle Vielfalt sichtbar wird.

ANSCHRIFT: Forum der Kulturen Stuttgart e. V., Marktplatz 4, 70173 Stuttgart
TERMINE: www.forum-der-kulturen.de
HALTESTELLE: Rathaus

GEISTIGE KRÄFTE HEBEN

Volkshochschule Rotebühlplatz

Neben der Linderung von allerhand Not, vor allem auf die Hebung der sittlichen, gesundheitlichen und geistigen Kräfte des Volkes hinzuwirken" war das Ziel des sozialen Engagements des Firmengründers Robert Bosch. Aus diesem Grund unterstützte er das württembergische Kultusministerium bei der Gründung eines „Vereins für Volksbildung". Bosch verpflichtete sich 1918 zu einer jährlichen Spende, und da es den Treffpunkt Rotebühlplatz noch nicht gab, stellte er dem Verein Büroräume mietfrei für Kurse zur Verfügung.

Seit über 100 Jahren nun gibt es diese Institution, wo der einzelne Bürger seine Talente entdecken und fördern kann. Pro Jahr gibt es inzwischen rund 43.900 Kurse, Seminare und Lehrgänge sowie 350 Einzelveranstaltungen. Man kann Deutsch lernen oder einen Kurs in Gebärdensprache belegen, sein Mongolisch verbessern, sich israelische Selbstverteidigungsmethoden aneignen, Vorträgen über Krampfadern oder auch über die Stuttgarter Vogelwelt im Wandel der Zeit lauschen. Die Auswahl ist berauschend!

Nicht alle Veranstaltungen finden am Rotebühlplatz statt. Auch in den Stadtbezirken werden Kurse angeboten sowie an der Ökostation Wartberg, wo es auch einen holzbeheizten Brotbackofen gibt. Das Abendgymnasium in der Alexander-Fleming-Schule, wo Erwachsene abends oder am Wochenende in kleinen Klassen und gegen geringe Gebühr den Realschulabschluss, die Fachhochschulreife oder das Abitur nachholen können, gehört ebenfalls dazu.

Das Herz des Treffpunkts Rotebühlplatz ist das „Rudolfs", ein Bistro, in dem Menschen mit psychischen Beeinträchtigungen eine Arbeit finden und in dem man frühstücken, mittagessen und abendessen kann. Bei „Kleine Kunst im Rudolfs" darf auftreten, wer will und mit welcher abgelegenen oder anerkannten Kunstform er möchte. Dazu gibt es fair gehandelten Kaffee oder ein Gläschen des trockenen roten „Talento" zur Hebung der geistigen Kräfte.

LAGE: Rotebühlplatz, Rotebühlplatz 28, 70173 Stuttgart

ÖFFNUNGSZEITEN: montags bis samstags jeweils 7.30–23.00 Uhr

KURSE: https://tpr.vhs-stuttgart.de; montags bis samstags 7.30–23.00 Uhr, sonn- und feiertags 8.30–18.00 Uhr

HALTESTELLE: Rotebühlplatz / Stadtmitte

ORIGINALE BESTAUNEN

Württembergisches Landesmuseum

Der Titel der Dauerausstellung im Alten Schloss lautet „Legendäre Meisterwerke" und er ist keine Übertreibung. Zum einen sind es Werke von großartigen Meistern, zum anderen sind sie legendär in zweierlei Hinsicht, erstaunlich und unglaublich – und haben gerade deswegen einen Status erworben, um den sich viele Geschichten ranken.

Eines dieser Exponate ist die „Venus vom Hohlefels", die weltweit älteste menschliche Darstellung. Diese Figur zeigt eine schwangere Frau mit runden, großen Brüsten, Vulva und mächtigem Gesäß. Ihr Kopf ist eher unscheinbar. Sie ist 40.000 Jahre alt. Sie ist ein Amulett, sicher ein Fruchtbarkeitssymbol, geschnitzt aus Elfenbein.

Ein rätselhafter Fund aus keltischer Zeit ist der bekannte, in Trichtlingen gefundene Silberring, der innen eisern ist, mehr als sechs Kilogramm wiegt und damit als Schmuck völlig ungeeignet ist. Wegen des Stils der Stierköpfe an seinen Enden vermuten manche Experten, er stamme aus Persien, andere wiederum, er müsse wegen der verwendeten Handwerkstechniken aus Gallien importiert worden sein. Aber wie kam er schließlich in unsere Region?

Viele Exponate, reich verzierte Abtsstäbe, Schwerter, etwa das, mit dem Eberhard im Barte von Kaiser Maximilian auf dem Reichstag zu Worms 1495 zum Herzog erhoben wurde, oder Goldreifen der Hallstattzeit zeugen von starken Herrschaftsverhältnissen. Andere, wie die keltische, janusköpfige Stele von Holzgerlingen, das Relief der keltischen Pferdegöttin Epona, die die Römer kurzerhand in ihren Götterkanon übernahmen, oder die an einen Comic erinnernde Heiligbluttafel der Benediktinerabtei Weingarten lassen den Wandel der Glaubensformen deutlich werden. Alle Museumsstücke aber tragen dazu bei, unsere Geschichte zu verstehen und zu begreifen, was uns geprägt hat.

Der Eintritt ins Museum ist frei. Es bietet sich an, sich nicht alles auf einmal anzusehen, sondern sich Zeit zu nehmen für die Reise durch die Zeit und immer wieder zu kommen.

LAGE: Landesmuseum Württemberg, Altes Schloss, Schillerplatz 6, 70173 Stuttgart

ÖFFNUNGSZEITEN: dienstags bis sonntags 10.00–17.00 Uhr, montags nur an Feiertagen

HALTESTELLE: Schlossplatz

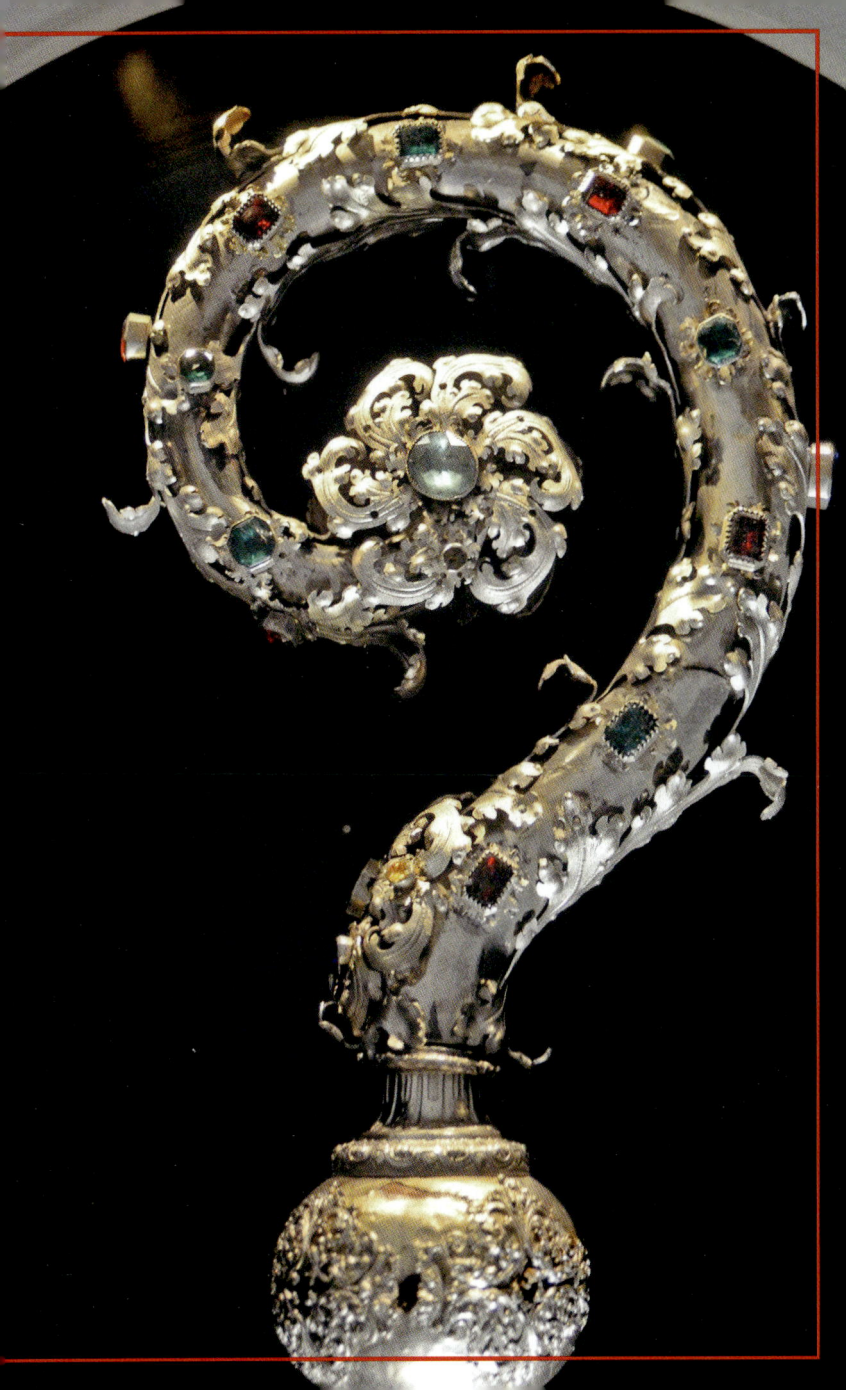

DER MENSCH
IST BERUFEN
IN DER IHN
UMGEBENDEN
GEMEINSCHAFT
SEINE GABEN
IN FREIHEIT
UND DES
ERFÜLL D DES

ZU GERICHT SITZEN

Verhandlung im Landgericht

Wer einen Prozess live im Gerichtssaal mitverfolgt, der ist nicht nur neugierig, er erfüllt auch eine staatsbürgerliche Funktion. Prozesse sind in Deutschland öffentlich, es sei denn, es müssen beim Prozess Minderjährige aussagen, denen ein besonderer Schutz zusteht. Dass alle Menschen eingeladen sind, sich anzuhören, wie und auf welcher Grundlage Recht gesprochen wird, ist wichtig, um Willkür auszuschließen und die Judikative zu kontrollieren. An die Zeit der NS-Diktatur, während der Gerichtsentscheidungen nicht hinterfragt werden durften, erinnern die Namen der Opfer, die auf einem Denkmal vor dem Gericht zu lesen sind.

Im Gebäude ist eine Dauerausstellung zur Justiz während der NS-Zeit in Stuttgart zu sehen, die das Oberlandesgericht zusammen mit dem Haus der Geschichte Baden-Württemberg konzipiert hat. Aktuelle Verhandlungstermine sind auf der Seite des Landgerichts nachzulesen, dort findet sich auch eine grobe Zusammenfassung dessen, was den Beschuldigten vorgeworfen wird. Die Auswahl ist beachtlich: „Dem 38 Jahre alten Angeklagten wird vorgeworfen, am 19.12.2018 tagsüber ein Gemischtwarengeschäft überfallen zu haben. Dazu habe der maskierte Angeklagte die Inhaberin mit einem Handbeil bedroht. Schließlich habe er dann mehrere Schmuckstücke aus der Auslage im Wert von 1.230 Euro an sich genommen." Oder: „Dem 32-jährigen Angeklagten wird vorgeworfen, drei Personen, deren kindliches bzw. jugendliches Alter er erkannt habe, sexuell missbraucht zu haben. Hierbei habe er das Näheverhältnis zu diesen Personen ausgenutzt, das sich in seiner Funktion als Trainer zu diesen aufgebaut habe." Oder: „Dem 60-jährigen Angeklagten wird vorgeworfen, er habe am Morgen des 5.11.2018 seine von ihm getrennt lebende Ehefrau vor deren Pkw mit mehreren Messerstichen getötet, dies um die Durchsetzung von Unterhaltsansprüchen zu vermeiden."

Auch wenn Sie Dauergast bei Gericht werden sollten und noch weiteren Fällen von diesem Kaliber beisitzen, seien Sie beruhigt: Nach München und Nürnberg liegt Stuttgart auf Platz drei der sichersten deutschen Großstädte!

LAGE: Landgericht Stuttgart, Urbanstraße 20, 70182 Stuttgart

ÖFFNUNGSZEITEN: Sitzungen finden in der Regel zwischen 8.00 und 18.00 Uhr statt.

HALTESTELLE: Charlottenplatz

PUPPEN TAN-ZEN LASSEN

IMAGINALE

Stuttgart ist eine Hochburg des Figurentheaters in Europa: Am Killesberg werden im „Theater in der Badewanne" mit Handpuppen, Stabpuppen, Tischmarionetten und Schattentheater hauptsächlich Märchen für Kinder und Erwachsene inszeniert. Im „Theater am Faden" in Heslach werden in einem alten Wengerterhaus die hauseigenen Stücke, Märchen aus Sibirien, Tschechien oder Ungarn mit Holzmarionetten vor einfachem Bühnenbild gespielt. Hier darf sich das Publikum vor der Aufführung auch fantasievoll verkleiden. Im „Theater Tredeschin" kann man in gemütlicher Hinterhofatmosphäre nicht nur Kinderstücke sehen, es werden auch Kleist, die Odyssee nach Hermann Schwab und Stücke von Molière aufgeführt. Außerdem gibt es noch „Nellys Puppen Theater" in der Charlottenstraße. Und das „FITZ!", das pro Spielzeit etwa 40 verschiedene Inszenierungen regionaler, deutscher und internationaler Figurentheaterbühnen zeigt und die IMAGINALE mitorganisiert.

Das Internationale Theaterfestival animierter Formen, die IMAGINALE, findet nicht nur alle zwei Jahre in der Landeshauptstadt, sondern in sechs weiteren Städten Baden-Württembergs statt und bietet eine Auswahl an den derzeit interessantesten europäischen und außereuropäischen Inszenierungen für Erwachsene und Kinder. Seit seiner Gründung im Jahr 2008 zeigt sie neben klassischem Figurentheater Arbeiten im Grenzbereich von Figurentheater, Tanz, Performance und Digitalkunst, dabei werden Medien und Materialien kombiniert.

Eingeladen sind etwa 23 Ensembles und Solisten aus Belgien, Frankreich, Spanien, Israel, den Niederlanden, Finnland, Slowenien, Tschechien, der Schweiz und Deutschland. Mit zahlreichen Vorstellungen für Erwachsene und Kinder, darunter zwei Uraufführungen, sowie einem Rahmenprogramm mit Kurzfilmen, Workshops, Ausstellungen und theaterpädagogischen Angeboten präsentiert das Festival aktuelle Entwicklungen der internationalen Figuren- und Objekttheaterszene.

LAGE: FITZ! Zentrum für Figurentheater, Eberhardstraße 61, Kulturareal „Unterm Turm", 70173 Stuttgart, www.fitz-stuttgart.de

FESTIVALKALENDER:
www.imaginale.de

HALTESTELLE:
Rotebühlplatz / Stadtmitte

STUTTGARTER
MARKTHALL

SCHÖN SHOPPEN

Markthalle

Einen Marktbummel ohne Regenschirm bietet auch bei Sauwetter die Markthalle. Sie steht unter Denkmalschutz, aber nicht, weil sie im eigentlichen Sinne wirklich alt wäre. Sie tut nur so. Genau genommen ist die Markthalle knapp über 100 Jahre alt und bot auf, was damals technisch möglich und neuartig war. Sie hat an den Portalen dämonenartige Steinskulpturen, die den Stil der Stadtkirche aufnehmen. Die Fresken wiederum korrespondieren mit dem Renaissancestil des Rathauses. Und weil sie sich so gut einpasst in den Zwischenraum zwischen Stiftskirche, Altem Schloss und Marktplatz, hat ihr Architekt Elsässer auch den Wettbewerb um die Errichtung eines Ersatzes der alten, unter Wilhelm I. erbauten Blumen- und Gemüsehalle gewonnen.

Die innovative Dachkonstruktion des Hallenraums aus Eisenbeton gibt die Modernität des Bauwerks zu erkennen. Elf Zweigelenkträger überspannen den 25 Meter tiefen Hallenraum. Auf den dreiteiligen Trägern setzt das verglaste Satteldach auf. Der Träger dient auch als Aufleger für die den Hallenraum abschließende Glasebene. Entlang der 60 Meter langen Hallenlängsseiten sorgen Fensterbänder dafür, dass Licht und Luft in die Halle kommen.

Auf dem Beton als Baustoff konnte man die Seitenwände fliesen. Im einfach zu reinigenden äußeren Bereich war der Platz für Fisch- und Fleischstände. Die neue Halle entsprach allen Hygienebedürfnissen ihrer Zeit und hatte sogar einen Gleisanschluss, auf dem, so war es gedacht, die Händler ihre Waren zum Verkauf transportieren konnten.

Heute bieten über 30 Stände Waren aus aller Welt an, und die Galerie ist einzig an ein Restaurant und ein Einrichtungshaus vermietet. Insgesamt steht die Markthalle für ein internationales Angebot frischer, wenn auch nicht billiger Waren. Bei Feinkost Ragoßnig kann man zum Beispiel Jackfrucht aufgeschnitten bekommen, bei der Albmetzgerei Failenschmid gibt es Wasserbüffelfleisch von der Schwäbischen Alb und bei Gewürz Mayer Voatsiperifery-Pfeffer aus den Urwäldern Madagaskars – noch nie von diesem Pfeffer gehört? Dann ab in die Markthalle und entdecken!

LAGE: Markthalle Stuttgart, Dorotheenstraße 4, 70173 Stuttgart

ÖFFNUNGSZEITEN: wochentags 7.30–18.30 Uhr, samstags 7.00–17.00 Uhr

HALTESTELLE: Rathaus

IN RUHE LERNEN

Stadtbibliothek am Mailänder Platz

Spitznamen hat sie viele, die „Stuttgart-21-Kaaba", der „Bücherknast", „Stammheim II", denn nicht alle lieben den Würfel des Kölner Architekten Eun Young Yi im neuen Stadtteil Europaviertel. Der Stuttgarter Architekt Stefan Behnisch feixte einmal: „Wenn wir in Stuttgart ganz gewagt werden, bauen wir einen Würfel." Tags ist der Würfel betongrau, in seiner Glasbausteinfassade und Wirkung fast verschlossen, faszinierend, ohne im engeren Sinne einladend zu sein. Also nicht unbedingt das, was man auf der Suche nach einem Schmöker für den Urlaub in der Hängematte zwischen Palmen erwartet. Nachts aber macht ein geheimnisvolles Blau den Kubus transparent und irgendwie extraterrestrisch.

Im Veranstaltungssaal im Untergeschoss zwischen supermodernen Schließfächern finden Lesungen und Vorträge statt. Der Raum entbehrt jeglichen Charmes, doch die Stockwerke darüber beeindrucken in ihrer Offenheit und Helligkeit. Die ersten Stockwerke bilden ein Atrium um ein quadratisches Pfützchen, die obersten einen terrassierten Galeriesaal, in dem die bunten Buchrücken zwischen den streng weißen Böden, Wänden und Regalen leuchten. Nichts ist vollgestopft, alles wirkt luftig, übersichtlich, beinahe leer. Da bleibt jede Menge Raum für Gedanken!

Die Bibliothek bietet WLAN und 140 für Recherchen entleihbare Laptops und Netbooks, Informationsstelen und eine Bibliothek für Schlaflose, die das Entleihen von Medien jenseits der Öffnungszeiten ermöglicht. Es gibt gerne von Schülerinnen und Schülern genutzte Kabinette für Lerngruppen, Studienzonen und eine Zone für das literarische Leben in Stuttgart. Einen Kaffee bekommt man von Menschen mit Behinderung in der Lesbar im achten Stock serviert. Das Klangstudio ermöglicht das gemeinsame Musizieren oder das Ausprobieren von Noten, ehe man ein Musikstück mit nach Hause nimmt. Durch Audioguides erschließt sich den Besuchern entweder die Architektur oder die Benutzung des Hauses – so kann sich jeder auf seine Weise der Bibliothek nähern. Zu beachten: Für die meisten Angebote benötigt man einen gültigen Bibliotheksausweis.

LAGE: Stadtbibliothek am Mailänder Platz, Mailänder Platz 1, 70173 Stuttgart

ÖFFNUNGSZEITEN: montags bis samstags 9.00–21.00 Uhr; Dachterrasse: 9.00–18.00 Uhr

HALTESTELLE: Stadtbibliothek

10

BLUTEN FÜR ANDERE

Blutspendezentrale

Einverstanden – das ist jetzt kein Freizeittipp, der den Genuss in den Mittelpunkt stellt, aber dennoch eine sehr sinnvolle Sache, die dazu noch kostenfrei ist und ab dem zweiten Mal sogar Geld bringt: Die Blutspendezentrale liegt nicht direkt im Krankenhaus, sondern auf der anderen Seite der Keplerstraße in einem unscheinbaren, modernen Gebäude. Wer spenden möchte, sollte gut gefrühstückt haben.

Bei der Anmeldung bekommt man einen ausführlichen Fragebogen: „Haben Sie schon einmal außerhalb Europas gelebt?", „Haben Sie sich in letzter Zeit tätowieren lassen?", „Hatten Sie schon einmal Malaria?" oder Ähnliches. Es wird nach Zahnbehandlungen gefragt, ob man jemals Rauschmittel konsumiert hat oder in den letzten vier Monaten einen neuen Sexualpartner hatte.

Jede(r) Spendewillige bekommt einen kleinen Tropfen Blut aus der Fingerbeere abgenommen. Geprüft werden der Blutdruck und ob man genügend Hämoglobin besitzt, um spenden zu dürfen. Anschließend folgt ein Arztgespräch, in dem man aufgeklärt wird, welche Risiken bestehen, die aber seit Bestehen der Zentrale nie aufgetreten seien – außer Schwindel. Und noch einmal

Fragen zum Liebesleben. Es fühlt sich an wie eine Mischung aus Vorstellungsgespräch – schließlich wird entschieden, ob man den Job als Blutspender bekommt – und Psychotherapie: „Würde auch Ihr Partner die Beziehung als feste Beziehung definieren?" Doch davon sollte sich keiner abschrecken lassen.

Wer bestanden hat, darf einen Stock höher gehen. Im Treppenhaus hängen die Namen geehrter, langjähriger Spender. Oben gibt es erst eine Cola zu trinken, dann wird Blut gespendet. Das geht schnell und tut nicht weh. Man knetet einige Minuten lang einen Gummiball – und schon ist der halbe Liter in der Tüte. Danach werden zur Stärkung Bockwürstchen und kostenloser Kaffee gereicht.

LAGE: Blutspendezentrale des Katharinenhospitals, Keplerstraße 32, 70174 Stuttgart

TERMINE FÜR ERST- UND MEHRFACHSPENDER: www.klinikum-stuttgart.de/kliniken-institute-zentren/zentralinstitut-fuer-transfusionsmedizin-und-blutspendedienst/blutspende/blutspendezeiten-klinikum-stuttgart

HALTESTELLE: Katharinenhospital

11

AB IN DIE GRUBE

Große Baustellenführung bei S 21

Eine Baustellenführung in einen Ausflugsführer aufzunehmen, ist zugegebenermaßen heikel. Man wünscht sich, dass das Buch lange im Handel bleibt – und dass die Baustelle irgendwann fertig wird. Bei S 21 jedoch scheint es nicht allzu riskant, die Baustellenführung mit aufzunehmen, obschon ein großer Teil der neu für die Strecke Stuttgart-Ulm benötigten Tunnel bereits gegraben ist: Das ist der technisch anspruchsvolle aber natürlich weniger sichtbare Teil der Bauarbeiten.

Die Baustellenführung ist keine Werbemaßnahme für ein umstrittenes Bauprojekt, Ziel ist aber schon die Kommunikation mit dem Bürger und das Transparentmachen der Gründe und des Fortgangs. Die Führung stellt, was nicht wundert, das Bauprojekt positiv dar, wobei man offen ermuntert wird, sich ein eigenes Bild zu machen. Dass die Führerin unterwegs von mindestens einem Passanten beschimpft wird, ist mittlerweile schon Ritual.

Die Baustellenführung beginnt mit der Ausstellung im Turm, bei der gezeigt wird, wie der neue Bahnhof, der den Talkessel von Nord nach Süd ausfüllen soll, später mal aussehen wird. Nicht-Stuttgarter werden in die topografischen Besonderheiten eingeführt.

Dann heißt es Gummistiefel anziehen und Helme aufsetzen – und los geht es zu den Bäumen, in denen der berühmte Juchtenkäfer lebt. Die Gruppe schaut sich an, wo der Beton für die fast weißen Kelchstützen gemischt wird, sieht die neue Haltestelle Staatsgalerie und die per Computer geformten Schalungen der Stützen. Es geht auch um das Wassermanagement, um die Neuverlegung der Abwasserkanäle, um den Brandschutz und um die Rechte des Architekten, dass der Beton die richtige Farbe hat und die Fugen so aussehen wie im Plan festgelegt. Man erfährt, wohin der Abraum gebracht wird und wie es gelingt, die alte Bahndirektion anzuheben und unter ihr zu bauen. Man mag über S 21 denken, was man will, eine spannende Baustelle bleibt es allemal.

START DER FÜHRUNG: Turmforum im Hauptbahnhof, Arnulf-Klett-Platz 2, 70173 Stuttgart

BAUSTELLENFÜHRUNGEN: Unterschiedliche Termine an Wochenenden, jeweils aktuell auf der Homepage. Anmeldung ist dringend erforderlich unter www.s21erleben.de/unser-angebot/baustellenfuehrungen; Mindestalter 14 Jahre, Trittsicherheit muss garantiert sein.

HALTESTELLE: Stuttgart Hauptbahnhof

12 ALTE AKTEN STUDIEREN

Hotel Silber

Der Besuch des Gedenkortes Hotel Silber ist kein Vergnügen, zu vielen unterschiedlichen Zwecken diente das Gebäude: Es war, daher der Name, erst ein Hotel, dann Oberpostdirektion und dann Sitz der Polizeibehörde – und auf diese Zeit bezieht sich die Dauerausstellung. Hier war während des Nationalsozialismus im Dritten Reich die Geheime Staatspolizei untergebracht, die gar nicht so geheim war, denn ihre Nummer stand im Telefonbuch, das in der Ausstellung zu sehen ist. Wer darauf angewiesen ist, dass Menschen aus der Bevölkerung andere denunzieren, sei es wegen politisch unerwünschter Meinungen, wegen des Hörens von ausländischen Radiosendern, die die Niederlagen der Wehrmacht verbreiteten, wegen der Unterbringung jüdischer Gäste, homosexueller Handlungen oder Liebschaften zu nichtarischen Zwangsarbeitern, dessen Telefonnummer muss bekannt sein.

In der Ausstellung selbst lernt man die Täter kennen: Eindrucksvoll ist das den ganzen Flur einnehmende, in Sektionen zerlegte Bild eines gesichtslosen Menschen, der wie ein Mosaik aus den Passbildern von Polizeimitarbeitern zusammengesetzt ist, die in der Zeit des Dritten Reiches in Stuttgart Dienst taten. Es werden Polizisten vorgestellt, die mit der Machtübernahme der Nazis entlassen wurden, und andere, zumeist arbeitslose SS-Mitglieder, welche einen Job als Hilfspolizist über das Arbeitsamt vermittelt bekamen.

Man lernt die Struktur der Polizeibehörde kennen, erfährt aber auch viel über die Opfer. Es findet sich der Brief eines Kindes, das um Begnadigung und Rückkehr seines Vaters bittet. Da ist die Rechnung für die Beerdigungskosten auf dem Friedhof in Dachau, die den Angehörigen eines dort Bestatteten gesandt wurde. Da ist der aus der Familienbibel gestrichene Name des schwulen, verurteilten und verstorbenen Sohns.

Das Museum thematisiert das Handeln der Polizei in der Weimarer Republik, dem Dritten Reich, aber auch in der Bundesrepublik. Es ist unmöglich, sich alle Fälle und alle Namen zu merken, und so ist es gut, dass die Stadt einen Ort hat, an dem man sie nachlesen kann.

LAGE: Gedenkort Hotel Silber, Dorotheenstraße 10, 70173 Stuttgart

ÖFFNUNGSZEITEN: dienstags bis sonntags und an Feiertagen 10.00–18.00 Uhr, mittwochs bis 21.00 Uhr

HALTESTELLE: Charlottenplatz

NACHTS LEBEN

Kunstmuseum

Das berühmteste Bild im Kunstwürfel am Schlossplatz ist das „Großstadt"-Triptychon von Otto Dix. Thema ist das Nachtleben in den Zwanzigern des vergangenen Jahrhunderts – und zwar nicht das in Stuttgart, sondern das in Dresden. Stilistisch erinnert das Bild an Altäre der Renaissance.

Das Gemälde in der Mitte zeigt einen Salon. Man sieht neben einem zu Jazz tanzenden Paar eine junge, emanzipierte Frau mit Federboa und Bubikopf. Es könnte sich auch um einen Transvestiten handeln. Auf den rechten und linken Flügeln zeigt Dix, dass die Zwanziger nicht für jeden die Goldenen Zwanziger waren: Es werden Kriegsversehrte gezeigt, Prostituierte, ein Betrunkener. Egal, welche Sonderausstellung gezeigt wird, für die Werke von Otto Dix sind immer zwei Räume reserviert. Dauerhaft zu sehen ist sein Bild der lebenslustigen, ekstatisch und exzessiv lebenden Tänzerin Anita Berber.

Neben der Dauerausstellung locken Sonderausstellungen, deren Titel riesengroß auf der Glasfassade bekannt gegeben werden, in den Kubus. Abgesehen von den Exponaten ist der Kunstwürfel ein eigenes architektonisches Kunstwerk, von dem man nur einen Teil überirdisch sieht. Der Würfel beherbergt tatsächlich

nur 20 Prozent der Ausstellungsfläche – typisch Stuttgarter Understatement! Alte, unnötig gewordene Tunnelröhren dienen unterirdisch als teils schiefe, teils ansteigende Museumssäle, die nichts Beklemmendes haben. Sie werden durch folienbespannte Lichtdecken mit natürlich wirkendem Licht beleuchtet.

Auch das Bauwerk selbst hat sein Nachtleben: Nicht nur, dass man aus dem gläsernen Restaurant „Cube", dessen Küche bis 22.30 Uhr geöffnet hat, von oben auf den nächtlichen Schlossplatz schauen kann oder an den Wochenenden bis 1.00 Uhr in der Bar „o. T." Cocktails schlürfen und entspannen kann. Wenn es dunkel wird, dann werden unter der Glashaut des Kubus die beleuchteten Wände des inneren Würfels aus unregelmäßig gefärbtem Ditfurter Kalkstein sichtbar.

LAGE: Kunstmuseum Stuttgart, Kleiner Schlossplatz 1, 70173 Stuttgart

ÖFFNUNGSZEITEN: dienstags bis sonntags 10.00–18.00 Uhr, freitags 10.00–21.00 Uhr; öffentliche Führungen (ohne Anmeldung): freitags 18.00–19.00 Uhr, samstags und sonntags 15.00–16.00 Uhr

HALTESTELLE: Schlossplatz

BEATHOVEN SPIELEN

Kurioses Klanglabor im Haus der Musik

Beathoven ist ein Boxsack im dritten Geschoss des Fruchtkastens am Schillerplatz, dem man durch gezielte Faustschläge Beethovens Neunte entlocken kann. Dabei ist Beathoven nur eines der kuriosen Instrumente, die man im Musikinstrumentenmuseum selbst spielen darf – es gibt noch viel mehr zum Ausprobieren!

Die Regenschirmgeige, die singende Säge und das Flaschophon gehören zu den bekannteren Instrumenten aus umfunktionierten Alltagsgegenständen, an denen im Museum dargestellt wird, auf wie vielfältige Weise Klang erzeugt werden kann. Körperlichen Einsatz muss man bei der Wasserorgel zeigen, bei der erst die Pumpe betätigt werden muss, ehe man auf einer angeschlossenen Sopran-Blockflöte Melodien spielen kann.

Am Chladni-Kasten kann man sehen, wie Töne sichtbar werden können: Ernst Florens Friedrich Chladni erkannte 1794, dass Schall und Klang durch die periodischen Schwingungen elastischer Körper entstehen. Und diese ergeben Muster im auf eine vibrierende Metallplatte gestreuten Sand.

Faszinierend ist auch das Theremin. Es wurde 1920 erfunden und erzeugt Töne, ohne berührt zu werden. Man muss als Besucher nur seine Hand näher zu einem Stab führen und dann wieder wegziehen, um die Tonhöhe zu verändern. Durch die Nähe des Körpers wird ein elektromagnetisches Feld erzeugt, das sich wiederum in Tönen ausdrückt. Das Instrument kann nicht nur die einzelnen Töne einer Tonleiter spielen, sondern den Ton in jeder beliebigen Höhe ohne Übergänge erzeugen. Das macht ihn ziemlich geisterhaft und unheimlich. Deutlich irdischer klingt das Kuhglockenklavier, bei dem man per Tastendruck Bimmeln erklingen lässt.

Natürlich zeigt das Museum auch jede Menge ernsthafte Musikinstrumente, die im Audioguide zu hören sind. So lernen die Besucher den Klang von Glasharfe und Zurna kennen, einem unten trichterförmig auslaufenden türkischen Blasinstrument, oder lauschen Melodien auf einem 400 Jahre alten Cembalo.

LAGE: Haus der Musik im Fruchtkasten, Schillerplatz 1, 70173 Stuttgart

ÖFFNUNGSZEITEN: dienstags bis sonntags und an Feiertagen 10.00–17.00 Uhr

HALTESTELLE: Schlossplatz

SICH EWIG LIEBEN

Aussichtsplattform Bahnhofsturm

Es ist eine strittige Frage, ob sich der Mercedesstern aus Plexiglas und Leuchtstoffröhren auf dem Bahnhofsturm dreht, oder ob sich nicht die Stadt permanent um den leuchtenden Mercedesstern dreht. Jedenfalls ist der Stern ein Wahrzeichen der Stadt geworden. Angebracht wurde er auf dem im Krieg ausgebrannten Turm, um durch die Werbeeinnahmen die Wiederherstellung zu bezahlen. Ein Fahnenmast war noch da, dort sollte er aufgesetzt werden. Das Problem bestand darin, die Einzelteile, das Gerüst und die Schweißgeräte über die 300 von Trümmern verschütteten Stufen nach oben zu bekommen. Doch auch dafür wurde eine Lösung gefunden.

Seit dem 23. Juni 1952 leuchtet der Stern über der Stadt – allerdings wurde er zwischendurch mal erneuert. Heute muss man zum Aufstieg nicht mehr die Treppe nehmen. Zwei kostenlose Aufzüge stehen zur Verfügung, und in den Stockwerken auf fast allen Ebenen befindet sich eine Ausstellung zum Bahnprojekt Stuttgart-Ulm. Oben auf dem trutzigen Turm haben Verliebte an den Schutzgittern Schlösser angebracht und verwenden das Schloss als Symbol der Liebe, wie schon eines der ältesten deutschen Minnelieder: „Dû bist beslozzen in mînem herzen:

verlorn ist das slüzzelin: dû muost immer drinne sîn." Zwischen den Schlössern hat man einen wunderbaren Blick auf die Innenstadt und die Bahnhofsbaustelle. Man fühlt sich für die Dauer des Aufenthalts abseits des Trubels, kann durchatmen und die kleinen Menschen unten auf der Königsstraße ihren Geschäften nachgehen sehen.

Der an einen Bergfried erinnernde Turm, die Buckelquadern der Fassade, die bewehrten Tore und die kolossale Ornamentik des von Paul Bonatz vor dem Ersten Weltkrieg unter dem Titel „Der Nabel Schwabens" entworfenen Bauwerks wirken trutzig und wehrhaft wie eine Ritterburg. Der Stil ist historisierend.

Dennoch steht der Bahnhof heute unter Denkmalschutz, und vielleicht haben sich viele Stuttgarter erst in den Koloss verliebt, als sein Abriss drohte.

LAGE: Stuttgart Hauptbahnhof, Arnulf-Klett-Platz 2, 70173 Stuttgart

ÖFFNUNGSZEITEN: April bis September täglich außer montags 10.00–21.00 Uhr, Oktober bis März 10.00–18.00 Uhr, donnerstags bis 21.00 Uhr

HALTESTELLE: Hauptbahnhof

16

EINEN HALT FINDEN

Cityrock im Haus 44

Stuttgart bietet viele Aufstiegsmöglichkeiten: Auch die vom Deutschen Alpenverein betriebene Vereinsanlage an der Waldau, die Nichtmitgliedern offensteht und eine Gesamtkletterfläche von über 4.500 Quadratmeter hat sowie Routen bis zur Schwierigkeitsstufe 10+ bietet, zählt mit dazu. Sie sei, so verspricht die Homepage, eine der größten Kletterhallen der Welt. Nur Vereinsmitgliedern allerdings ist es erlaubt, den alten Brückenpfeiler aus Sandstein in Bad Cannstatt zu erklimmen, der für Anfänger ungeeignet ist.

Die Sektion Schwaben betreibt die Rockerei, eine etwas kleinere Boulder- und Kletteranlage mit Sporthallenflair in Zuffenhausen, die als erste Kletterhalle einen kompletten Indoorklettersteig mit Hängebrücke und Drahtseilpassage hat.

Als privaten Anbieter für Kraxler gibt es den Vels in Vaihingen mit seinen Ruhebereichen mit in geschnitzten Goldrahmen präsentierten Ölschinken, die Almhüttenmotive zeigen, Sofas mit Fransen und gedrechselten Lampen in Eiche rustikal.

Stuttgarts älteste öffentliche Kletterhalle jedoch liegt ganz im Zentrum der Stadt: Das Cityrock wird betrieben von Ehrenamtlichen und gehört zur Evangelischen Jugend – hier kann man sich „nur" bis Schwierigkeitsstufe 9 erproben. Geboren wurde die Idee von einem kirchlichen Jugendreferenten, der fand, man könne einen geplanten Wintergarten auch spannender nutzen als für ein paar Palmen und der mit ehrenamtlichen Mitarbeitern des Jugendwerks zu sägen und zu schrauben begann. Sie ließen sich gegenseitig nicht hängen, und so entstand das Cityrock als eine der ersten Kletteranlagen in Deutschland vor über 25 Jahren. Kleine Menschen, sobald sie laufen können, aber auch „große", die Gruppe 50+, gehen im Wintergarten die Wände hoch.

Klettern als Teil christlicher Kultur? Die Betreiber sind sich sicher, dass Vertrauen, sich gegenseitig Halt zu geben und den Weg zu suchen und zu finden, im Glauben zentral sind – und wo könnte man das besser üben als an einer Kletterwand?

LAGE: Evangelische Jugend Stuttgart, Cityrock, Fritz-Elsas-Straße 44, 70174 Stuttgart

ÖFFNUNGSZEITEN: dienstags bis sonntags 18.00–23.00 Uhr oder nach Vereinbarung, in den Sommerferien geschlossen; info@cityrock.de

HALTESTELLE: Berliner Platz (Hohe Str.)

17 VIELSEITIG LESEN

Württembergische Landesbibliothek

Wer bei „Württembergische Landesbibliothek" (WLB) denkt, da stehe nur deutsche oder gar schwäbische Literatur, der irrt. Die „Labi" beherbergt eine der größten Bibelsammlungen der Welt mit Ausgaben in über 710 Sprachen und Dialekten! Hier werden Fragmente der ältesten erhaltenen Übersetzung des Alten und Neuen Testaments ins Lateinische aufbewahrt. Sie stammen aus dem 5. Jahrhundert. Diese Fragmente darf natürlich nicht jeder Nutzer ausleihen und mit seinen Butterbrotfingern berühren. Um mit den Handschriften arbeiten zu dürfen, muss man einen wissenschaftlichen Zweck nachweisen.

Öffentlich aber war die WLB schon immer. Geändert haben sich Name und Standort. Gegründet hat die „Herzogliche Öffentliche Bibliothek" Herzog Carl Eugen 1765 in Ludwigsburg. 1777 kam sie nach Stuttgart. Viele Bücher sind seit 1803 im Bestand der dann „Kurfürstlichen Öffentlichen Bibliothek", als die Klöster und Stifte vor allem in Oberschwaben aufgelöst wurden und ihr Besitz zu Staatsbesitz wurde – damit auch die Bibliotheksbestände. Die spätere „Königliche Öffentliche Bibliothek" war seit 1817 Archivbibliothek für das württembergische, seit 1964 für das baden-württembergische Pflichtexemplar. Das heißt: Von allen Büchern, aber auch Vereinsblättchen und Festschriften, die im Land gedruckt wurden und werden, musste und muss eines an die „Labi" abgegeben werden.

Insgesamt stehen in der Landesbibliothek etwa sechs Millionen Medien zur Verfügung. Darunter sind 147.748 Feldpostbriefe und 160.945 Flugblätter. Etwa eine Million Medien werden pro Jahr verliehen.

Im Inneren der heutigen, 1970 eröffneten „Labi" sind Drucke des Stuttgarter Künstlers Josua Reichert verteilt, manche an viel frequentierten Stellen, andere in Gängen. Es sind Texte und einzelne Buchstaben aus dem Hebräischen, Persischen, Griechischen, Lateinischen, Englischen und Deutschen, die zeigen, dass es bei Texten nicht nur auf Inhalte, sondern auch auf Form und Gestaltung ankommt.

LAGE: Württembergische Landesbibliothek, Konrad-Adenauer-Straße 8, 70173 Stuttgart

ÖFFNUNGSZEITEN: montags bis freitags 8.00–20.00 Uhr, samstags 9.00–13.00 Uhr

HALTESTELLE: Charlottenplatz

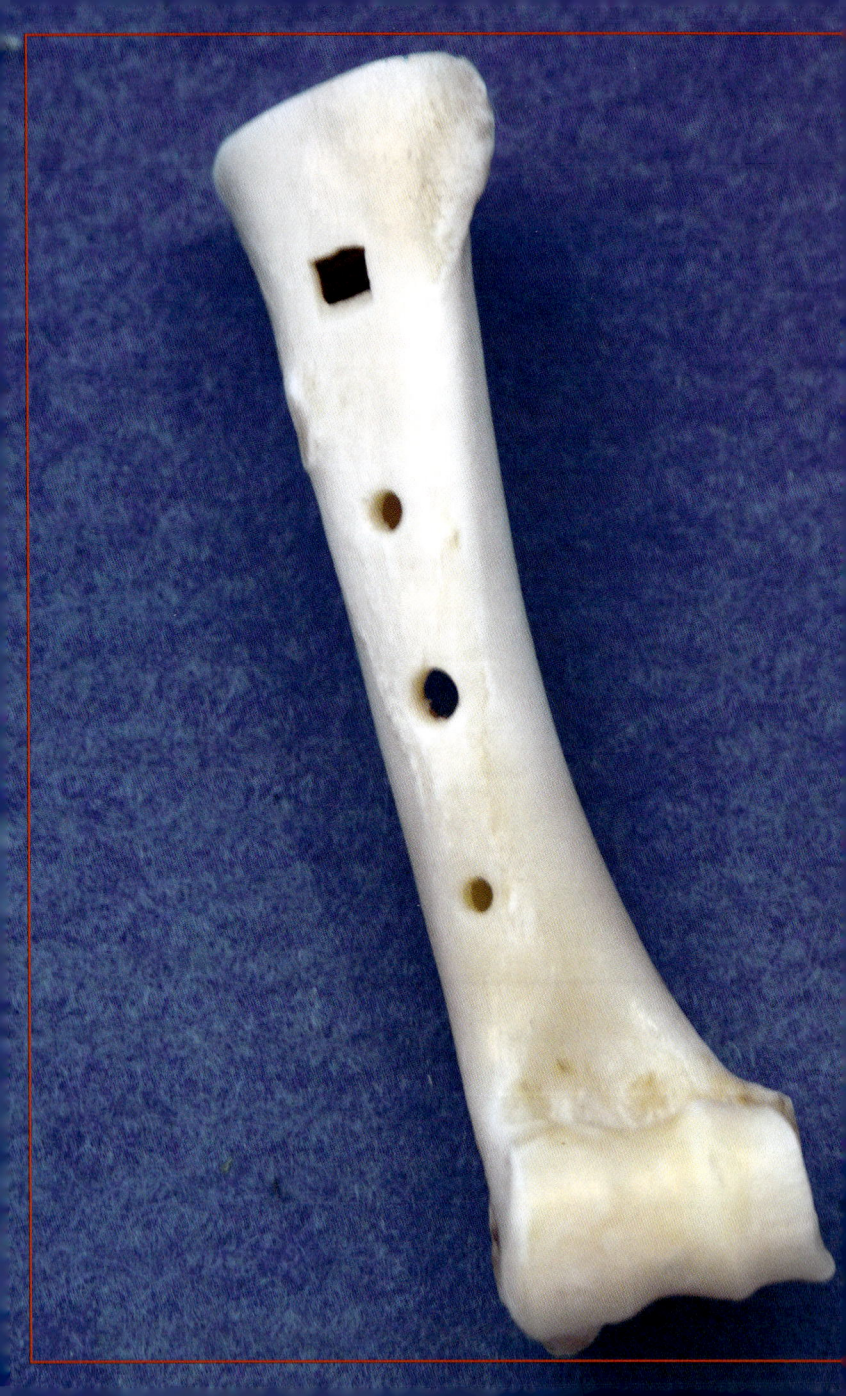

AUF KNOCHEN MUSIZIEREN

bibliorama – das bibelmuseum

Denn tausend Jahre sind vor dir wie der Tag, der gestern vergangen ist, und wie eine Nachtwache" – so steht es in der Bibel. 1.000 Jahre wird man nicht brauchen, um das Bibelmuseum im Hospitalviertel zu erkunden, aber man sollte dennoch nicht nur eine Stunde einplanen, denn es gibt viel zu entdecken und auszuprobieren.

Anfassen ist in diesem Museum erwünscht – und nicht nur das! Man kann es König David gleichtun und an einer Harfe komponieren, die keine Saiten besitzt, sondern Lichtschranken aus Laserstrahlen. Man kann auch einen Psalm vertonen, ihn speichern und versenden. Analoger sind die Instrumente aus biblischen Zeiten, an denen man sich versuchen darf: Ins Widderhorn zu blasen verlangt ein wenig Übung, doch zum Knochenflötenvirtuosen wird jede Besucherin und jeder Besucher auf Anhieb.

Wollen Sie gerne eine Madonnendarstellung mit Ihren Gesichtszügen oder ein Schwätzle mit Herrn Martin Luther halten? – Moderne Technik macht's möglich. Das Ausstellungskonzept stellt einzelne Personen der Bibel und ihrer Überlieferungsgeschichte vor und lädt dazu ein, ihnen zu begegnen, wobei das gesamte Museum sich bemüht, die zeitliche Distanz zu überbrücken und die Geschichten in den heutigen Alltag zu holen. Das geschieht durchaus auch mit Humor. So wird etwa die Erfahrung der biblischen Sophia in eine schwäbische Küche verlegt.

Wem das alles nicht museal und kulturhistorisch wertvoll genug ist, der kommt dennoch nicht zu kurz, denn unter dem Zeitstrahl, der die Entstehung der Bibel zeigt, liegen Exponate aus dem Landeskirchlichen Archiv, etwa einzelne Papyrusseiten, und eine Ausgabe der Zainerbibel.

Günther Zainer fertigte in seiner Werkstatt in Augsburg 1475 diese erste illustrierte Bibel in deutscher Sprache. Es war die dritte überhaupt gedruckte Bibelausgabe. Sie besteht aus 534 Blättern, 73 nach Vorlagen aus der Buchmalerei gedruckte Initialen schmücken sie.

LAGE: bibliorama – das bibelmuseum stuttgart, Büchsenstraße 37, 70174 Stuttgart

ÖFFNUNGSZEITEN: täglich außer dienstags 13.00–17.00 Uhr, sonn- und feiertags ab 12.00 Uhr

HALTESTELLE: Stadtmitte

19 TRICKS KEN-NENLERNEN

Internationales Trickfilmfestival

Bei Trickfilmen denken die meisten an Disney-Filme aus Hollywood, obwohl der älteste Langfilm der Welt, der als Animationsfilm produziert wurde, aus Berlin kam. Es war „Die Abenteuer des Prinzen Achmed" von 1926, Geschichten in der Tradition von Tausendundeiner Nacht erzählt. Regisseurin war Lotte Reiniger, die ihren Lebensabend in Dettenhausen bei Böblingen verbrachte. Der Nachlass der Künstlerin, die fasziniert und inspiriert war von dem chinesischen Silhouettenpuppenspiel, wird in Tübingen gezeigt. Nach ihr heißt einer der in Stuttgart vergebenen Preise: Lotte Reiniger Förderpreis für Animationsfilm – der Preis für den besten Abschlussfilm in Höhe von 10.000 Euro. Noch höher dotiert ist der große Animationsfilmpreis des Landes Baden-Württemberg und der Stadt Stuttgart in Höhe von 15.000 Euro.

Heute ist Stuttgart eine Hochburg des Animationsfilms. In Stuttgart wurden die Filme über Ritter Rost und über Prinzessin Lillifee produziert. Hier wurde auch „Der kleine Drache Kokosnuss" geboren. Die Filmhochschule in Ludwigsburg ist die Ausbildungsstätte für neue Regisseurinnen und Regisseure, die sich der Realität nicht beugen, sondern fantasievolle Geschichten zeigen wollen, die sich mit klassischer Schauspielkunst nicht

realisieren lassen. Dass Trickfilm aber keinesfalls nur Kinderfilm ist, wird beim Internationalen Trickfilmfestival in Stuttgart jedes Jahr aufs Neue deutlich.

Im Zentrum des sechstägigen Festivals stehen der künstlerische Animationsfilm, innovative, interaktive und transmediale Arbeiten sowie die Förderung junger Talente. Etwa 100.000 Zuschauer lassen sich jährlich von den Open-Air-Vorstellungen auf dem Schlossplatz und in den Innenstadtkinos gezeigten Animationsfilmen begeistern. Vor dem Schloss gibt es täglich ab 14.00 Uhr bei freiem Eintritt die Tricks for Kids, ein Familienprogramm.

Das Neue Schloss bietet die Kulisse, vor der das Publikum auf den Picknickdecken sitzt, lauscht und schaut. Abends gibt es Blockbuster und Arthouseperlen, für die man sich gerne in Jacken und Decken hüllt, den mitgebrachten Tee trinkt und sich aneinanderschmiegt, denn Ende April wird es auch im Kessel abends noch ziemlich kühl.

LAGE: Schlossplatz, 70173 Stuttgart
PROGRAMM: www.itfs.de
HALTESTELLE: Schlossplatz

20 GLOCKEN HÖREN

Glockenspiel im Rathaus

Den besten Klang hat das aus 30 Glocken bestehende Glockenspiel, wenn man auf dem Marktplatz steht. Zu hören sind 70 verschiedene Melodien, je nach Tages- oder Jahreszeit mal Volksweisen, mal Klassik – und als Besonderheit die Europahymne, auf deren Programmierung die Stadt ausdrücklichen Wert legte. Kein anderes Glockenspiel sonst hat sie im Programm. Die Lieder werden meist von einem Glockenspielcomputer abgespielt, der die Glocken durch elektrische Impulse erklingen lässt.

Täglich um 11.05, 12.05, 14.35, 18.35 und 21.35 Uhr ertönen die vom weit und breit einzigen Glockenspielvirtuosen Eckart Hirschmann eingespielten Melodien. Sein Spiel mit vielen kenntnisreichen und begeisterten Erklärungen kann man bei Führungen im Turm auch live erleben. Bis zu 15 Personen können sich zu den Führungen anmelden und die bis zu 950 Kilogramm schweren Glocken aus kostbarer Glockenbronze, einer Kupfer-Zinn-Legierung, in luftiger Höhe bei grandiosem Blick über die Stadt schlagen hören. Die kleinste Glocke besitzt einen Durchmesser von 22 Zentimetern, bei einem Gewicht von „nur" sechs Kilogramm.

Es ist nicht die erste Glockengarnitur in Stuttgart. Die aus den 1920er-Jahren wurde im Zweiten Weltkrieg eingeschmolzen. 1956 wurden bei der Neuerrichtung des Rathauses neue in Auftrag gegeben, und zwar in einer ebenfalls damals in der Stuttgarter Innenstadt produzierenden Glockengießerei. Der Turm ist alt, er war trotz der Bombenangriffe stehen geblieben. Er wurde von den Alliierten nur deshalb nicht zerstört, weil er den Kampfflugzeugpiloten als Orientierung dienen sollte. Nach dem Krieg wurde er passend zur neuen Fassade verkleidet.

Nicht ganz hinauf zum Glockenspiel, dafür mit etwas Nervenkitzel, befördern die zwei unter Denkmalschutz stehenden Paternoster Besucher. Die Rathausmitarbeiter nennen sie liebevoll „Beamtenbagger". Von den beiden ist manchmal nur der versteckterer in Betrieb.

LAGE: Rathaus, Marktplatz 1, 70173 Stuttgart

INFOS: bei der Infothek im Eingangsbereich oder bei poststelle.infothek@stuttgart.de

LIEDLISTE: www.stuttgart.de/item/show/286036

HALTESTELLE: Rathaus

21

DEN NESEN-BACH FINDEN

Besichtigung der Kanalisation

Jede Landeshauptstadt hat irgendein repräsentatives Gewässer. Wiesbaden hat eine Rheinpromenade, München die Isarwelle und Schwerin einen See. Stuttgart liegt erst seit der Eingemeindung Bad Cannstatts am Neckar. Die Landeshauptstadt selbst befindet sich am Nesenbach, einem kleinen Gewässer, das (leider) als Kloake dient. Und wenn man am Nesenbach spazieren gehen möchte, muss man sich einer Führung anschließen, die das Informationszentrum der Stadtentwässerung Stuttgart anbietet. Es befindet sich in der Haltestelle Neckartor, jenem Ort, der wegen seiner besonders schlechten Luft bekannt ist. Hier wartet der Einstieg zum ebenso stinkenden und verschmutzten Wasser.

Das Zentrum selbst ist sauber und hell und zeigt etwa ein niedriges Fahrrad, auf dem sich Kanalarbeiter unterirdisch fortbewegen können, Waffen und einen Helmfund aus dem Zweiten Weltkrieg sowie Arbeitsgeräte für Wartungsarbeiten unter Tage. An den Selbstrettern, kleinen Sauerstoffgeräten, kann man schon erkennen, dass die Luft am Nesenbach nicht besser zu atmen sein wird als die darüber. Das war ein Grund, warum der Bach 1846 sein Ziegendach bekam. Davor war der Bach schon kanalisiert worden und führte Abwässer der Gerberei und

Schlachtabfälle aus der Stadt ab. Er stank schon damals erbärmlich.

Besucher werden mit Rosshaarsocken, Gummistiefeln, Helmen, Einweganzügen, Handschuhen und einem Klettergurt ausgestattet, ehe es gemeinsam hinabgeht zu Tampons, Klopapier und Fäkalien. Man erfährt, dass man auf keinen Fall feuchte Toilettentücher in die Schüssel werfen sollte, denn das fließt durch den Nesenbachsammler in Mühlhausen und legt dort die Pumpen lahm.

In der Unterwelt gibt es Straßenschilder. Man sieht einen geöffneten Gulli von unten und Azubis klettern angegurtet und gesichert in die Höhe – Stuttgart liebt das Understatement. Vielleicht haben wir deswegen eine gepflegte, aber versteckte Uferpromenade an unserem Gewässer.

LAGE: Informationszentrum Stadtentwässerung, Zwischenebene der Stadtbahnhaltestelle Neckartor am Ausgang zum Schlossgarten

ÖFFNUNGSZEITEN: Infos unter: www.stuttgart-stadtentwaesserung.de/ aktuelles/fuehrungen-bei-der-ses/ infozentrum-und-kanalfuehrungen

Die Kanalführung ist nicht barrierefrei und wird nur für Erwachsene angeboten.

ADVENTSMU–SIK LAUSCHEN

Weihnachtsmarkt

22

Was die Besucherzahlen angeht, konkurriert der Stuttgarter Weihnachtsmarkt mit dem in Köln, wobei die Budenzahl in Stuttgart mit etwa 300 fast doppelt so hoch ist. Vier Millionen Menschen kommen etwa pro Jahr, um sich zwischen den Ständen durchzuschieben, das sind doppelt so viele wie die, die den berühmten Christkindlesmarkt in Nürnberg besuchen. Sie erscheinen aus allen Ecken des Kontinents mit 3.500 Reisebussen. Im Mittelpunkt stehen natürlich die Verkaufsstände für Weihnachtsschmuck, Spielwaren, Krippen, Wollpullis und traditionelle Handwerksprodukte. Man kann den Besen- und Bürstenbindern aus dem Haus des Blindenhandwerks der Nikolauspflege zusehen und sich die Arbeitsschritte bis zur Entstehung einer hochwertigen Bürste erklären lassen. Am Stand der Kumquat-Puppen muss man damit rechnen, von einer der niedlichen, frechen Puppen aus Stoff angesprochen zu werden.

Die Verkaufsstände sind weihnachtlich dekoriert, denn jedes Jahr wird der Preis für den schönsten Stand vergeben – da wollen alle mithalten können. Die Fenster des Rathauses werden zum riesigen Adventskalender und insgesamt vier Tannenbäume funkeln. Eine „lebende" Krippe stellt die Weihnachtsgeschichte nach Lukas mit echten Tieren nach: Im Stall stehen Schafe um die heilige Familie herum und lassen sich manchmal auch streicheln.

Seit 40 Jahren gibt es alle Jahre wieder den Stand „Weihnachtsmann & Co.", den viele Helfer unterstützen: Ministerinnen, Profisportler, Intendanten, Radiomoderatorinnen, Kabarettisten und Bürgermeister - eine bunte Promischar verkauft für den guten Zweck.

Dem Trubel entkommen kann man in der Stiftskirche. Dort gibt es in der Adventszeit jeden Tag ein Orgelkonzert von 13.15 bis 13.45 Uhr mit jeweils anderem Programm an der Mühleisen-Orgel. Die Orgel von 2004 hat 5.366 Pfeifen. Und wenn man in der Weihnachtsmarktzeit ihren Klang lieb gewinnt, kann man sich auf den Sommer freuen: Da ist sie das Hauptinstrument beim Stuttgarter Orgelsommer.

LAGE: Auf dem Marktplatz und in unmittelbarer Umgebung

ÖFFNUNGSZEITEN: montags bis donnerstags 10.00–21.00 Uhr, freitags und samstags bis 22.00 Uhr, sonntags 11.00–21.00 Uhr

HALTESTELLE: Rathaus

23 STARS TREFFEN

Indisches Filmfestival Stuttgart

Europas größtes indisches Filmfestival präsentiert das aktuelle Kino: Zum Indischen Filmfestival Stuttgart reisen immer im Juli die großen Geschichtenerzähler aus Indien nach Stuttgart, mit im Gepäck ihre neuesten Filmproduktionen. Nicht nur aus Stuttgarts Partnerstadt und Filmmetropole Mumbai, sondern aus allen Regionen des Subkontinents kommen Regisseurinnen und Regisseure, Schauspielerinnen und Schauspieler für fünf Tage zum großen Event im Metropol-Kino.

Bollywoodstreifen spielen im Programm keine Hauptrolle. Die Independent-Filme geben den Unterdrückten eine Stimme und schildern, was die Menschen in Indien momentan umtreibt – eine Welt, in der Gegensätze allgegenwärtig sind, in der funkelnden Boomtowns eine andere Welt repräsentieren als das abgelegene Land ohne elektrischen Strom, wo Tradition und Religion das einfache Leben prägen.

Das Festival bietet dem Publikum neben den nahezu 50 Spiel-, Kurz- und Dokumentarfilmen ein informatives und unterhaltsames Rahmenprogramm. Moderne und traditionelle indische Tänze, Musiker und Puppenspieler sind zu bewundern. In den täglichen „Tea Talks" greifen Experten in Gesprächsrunden indische Themen auf. Eine Tee-Matinee bietet zudem ein besonderes Geschmackserlebnis.

Wenn vor dem Innenstadtkino Metropol der rote Teppich ausgerollt wird, dürfen sich die Freunde des indischen Kinos auf einen einmaligen Filmmix und Gespräche mit spannenden und sympathischen Regisseurinnen und Regisseuren, Schauspielerinnen und Schauspielern freuen. Am Ende dieser Tage werden mehrere Filmpreise vergeben. Auf den besten Spielfilm wartet der „German Star of India", der vom Stuttgarter Unternehmer Andreas Lapp, dem Hauptsponsor des Festivals und Honorarkonsul der Republik Indien für Baden-Württemberg und Rheinland-Pfalz, gestiftet wird. Das Festival wird vom gemeinnützigen Kulturverein Filmbüro Baden-Württemberg veranstaltet und vom Land Baden-Württemberg und der Landeshauptstadt Stuttgart unterstützt.

LAGE: Kino Metropol, Bolzstraße 10, 70173 Stuttgart
INFO: www.indisches-filmfestival.de
HALTESTELLEN: Friedrichsbau / Börse, Hauptbahnhof oder Schlossplatz

AN DIE BÖRSE GEHEN

Besuchertribüne der Börse

Die Stuttgarter Börse ist der zweitgrößte deutsche Handelsplatz, sehen tut man ihn jedoch kaum. Mehrere Häuser wurden für die Börse entkernt und verbunden. Und was außen wie ein Ensemble aus verschiedenen Epochen – Neobarock, Neoklassizismus und Bauten der Nachkriegszeit – wirkt, ist innen ein ziemlich geräumiges Bürogebäude. Glaselemente verbinden die Häuser. Im Innenraum der Schlossstraße 20 befindet sich das eigentliche Börsenparkett, ein sechsgeschossiges, nach oben glasgedecktes Atrium.

Wer erwartet, dass an der Börse nur Menschen mit Schlips und Kragen unterwegs sind, irrt. Wenn man von der verglasten Besuchertribüne in den Handelsraum sieht, wirkt alles ziemlich leger. An den Tischen sind Familienfotos aufgestellt, manche Börsianer lesen die Nachrichten, haben verschiedene Monitore vor sich und ein Fläschchen mit Kontaktlinsenflüssigkeit. Aggressiv wirkt die Stimmung zwischen den Händlerinnen und Händlern nicht. Manche sitzen im Großraumbereich, andere haben abgeteilte Zonen. An der Wand kann man von der Tribüne aus die Zahl der Trades und die Entwicklung seit 8.00 Uhr angezeigt sehen, das Handelsvolumen wird angegeben.

Hier an der Börse finden die, die Wertpapiere kaufen wollen und eine Vorstellung haben, was sie dafür zahlen möchten, diejenigen, die die Papiere verkaufen möchten. Allerdings erfolgen die Verhandlungen größtenteils über Computer und nicht mehr über Fuchteln und Rufen, wie man das aus Filmen kennt.

Die im Raum befindlichen Vertreter von Banken wickeln die Geschäfte im Auftrag von Privatpersonen ab, die Aktien – auch in elektronischer Form – besitzen. In Stuttgart werden Zertifikate, Aktien, Anleihen, börsengehandelte Fonds (ETF), Genussscheine, bei denen man in den Genuss von Gewinnanteilen eines Unternehmens kommt, und Offene Investmentfonds gekauft und verkauft.

LAGE: Börse Stuttgart, Börsenstraße 4, 70174 Stuttgart

ÖFFNUNGSZEITEN:
Montags bis freitags 8.00 Uhr–22.00 Uhr, in der Zeit kann auch die Tribüne besucht werden. Geführte Börsenbesuche werden für Menschen mit unterschiedlichen Vorkenntnissen angeboten.: Tel. 0711-222 98 55 05 oder boersenbesuche@boerse-stuttgart.de.

HALTESTELLE: Börsenplatz

GESCHICHTEN HÖREN

Audiotour zur Provenienz

Der Herrenberger Altar von Jerg (auch: Jörg) Ratgeb, die Putzfrau von Duane Hanson, der Pierrot von Pablo Picasso – sie alle hängen in den zwei miteinander verbundenen Häusern: der neuen und der alten Staatsgalerie Stuttgart. Mit Kopfhörern und einem Audioguide um den Hals kann man sich viele der Kunstwerke aus dem 14. Jahrhundert bis zur Gegenwart erklären lassen. Man gibt die kleine Nummer ein, die am Namen des Bildes angezeigt ist, und hört schauend zu. Solche Audioguides sind inzwischen in vielen Museen ausleihbar. In Stuttgart aber gibt es den ersten Audioguide zur Provenienz weltweit.

Die Provenienzforschung beschäftigt sich mit der Erforschung der Eigentümerfolge. Wer hat das Bild wem verkauft? Warum? Und wann? Eine besondere Bedeutung kommt der Provenienz von Kunstwerken zu, die in der NS-Zeit ihren Besitzer gewechselt haben. Sind sie legal in die Sammlung gekommen oder wurden sie den einstigen Besitzern „verfolgungsbedingt entzogen"? Sollte das der Fall sein, müssen sie an die Erben der einstigen Besitzer zurückgegeben werden.

Teilweise steckt gewaltige Detektivarbeit in dem, was man per Audioguide zu hören bekommt, etwa zur Jungwaldtafel von Paul Klee, zu den „Blauen Pferden" von Franz Marc oder zum Gemälde von Lyonel Feininger, das die Barfüßerkirche in Erfurt darstellt. Jenes gab sein Besitzer, Ludwig Fischer, 1924 nach Halle. Dort wurde es in der Moritzburg gezeigt. Im Vertrag stand, dass die Burg den Söhnen des Besitzers bis ins Jahr 1944 eine Rente bezahlen musste, sozusagen als Miete für das Bild. Als das Bild vom Propagandaministerium als entartet beschlagnahmt wurde, zahlte die Stadt Halle nicht mehr, denn sie konnte das Bild nun nicht mehr zeigen. Das Ministerium verkaufte das Bild an einen Galeristen, der das Bild, sicher ist sicher, verbuddelte, und als er in der Nachkriegszeit entschied, von der DDR nach Westdeutschland zu fliehen, wieder ausgrub, mitnahm und der Staatsgalerie verkaufte. Eine Geschichte, besser als in jedem Roman!

LAGE: Staatsgalerie Stuttgart, Konrad-Adenauer-Straße 30–32, 70173 Stuttgart

ÖFFNUNGSZEITEN: täglich 10.00–17.00 Uhr, donnerstags 10.00–20.00 Uhr, montags geschlossen

HALTESTELLE: Staatsgalerie

PAUL KLEE: JUNGWALDTAFEL. 1926

26

ZUR LESUNG FAHREN

Literaturhaus im Bosch-Areal

Paternosterfahren ist Besuchern nicht gestattet – das muss gesagt werden. Ob Sie sich daran halten, ist Ihre Sache, denn Spaß macht es schon, in eine der ohne Stopp herauf- und herunterfahrenden Kabinen zu springen und sich von dem nostalgischen Aufzug in ein anderes Stockwerk bringen zu lassen. Menschen mit einer Gehbehinderung oder hohen Schuhen sei aber davon abgeraten.

In andere Teile der Welt führen oft die Veranstaltungen im Literaturhaus. Zwar liest dort auch immer wieder Hermann Bausinger, der emeritierte Professor für empirische Kulturwissenschaft aus Tübingen, der Volkskunde ganz und gar nicht volkstümlich betreibt und hervorragend über die Provinz und die Welt schreibt. Aber auch die kenianische Schriftstellerin Yvonne Adhiambo Owuor, der senegalesische Ökonom und Schriftsteller Felwine Sarr und die italienische Autorin Dacia Maraini finden im Literaturhaus ein Podium und Zuhörer. In der Türkei von der Regierung geschmähte Autoren wie Orhan Pamuk oder Zülfü Livaneli werden in Stuttgart diskutiert und gefeiert.

Der Schwerpunkt der Autoren- und Veranstaltungsauswahl liegt bei gesellschaftlich relevanten Themen, seien es der Wandel von Geschlechterrollen, der Einfluss der Elektronik auf die Kultur, der Wandel der Sprache, Literatur und Rausch oder politische Entscheidungsprozesse. Es wird nicht nur gelesen und gehört, sondern auch diskutiert und hinterfragt. Es gibt Veranstaltungsreihen für junge Leser, Schreibworkshops und einen Wirtschaftsclub für Führungskräfte, die der Ansicht sind, dass man auch in der Welt der Wirtschaft Kreativität und Kunst benötigt und sich auf philosophische Fragen einlassen sollte.

Wer lieber eng an Texten arbeiten und sie stilistisch untersuchen möchte, ihre Sprache und ihre ästhetischen Prinzipien kennenlernen möchte, also im engeren Sinne literaturwissenschaftlich interessiert ist, der ist in den regelmäßig stattfindenden literarischen Salons von Elisabeth Weller richtig, für die Lesen weit mehr ist, als während der U-Bahn-Fahrt in andere Welten abzutauchen.

LAGE: Literaturhaus Stuttgart, Breitscheidstraße 4, 70174 Stuttgart

TERMINE:
www.literaturhaus-stuttgart.de und www.elisabethweller.de

HALTESTELLE: Berliner Platz

27 DURCHS ALL FLIEGEN

Carl-Zeiss-Planetarium

Ob man auch wirklich rechtzeitig zur Vorführung angekommen ist, kann man auf der Bernhardtschen Präzisionssonnenuhr aus Aluminium und Magnesium vor dem Planetarium exakt ablesen.

Im Gegensatz zu alten Sonnenuhren, die man von Kirchenfassaden kennt, wirft hier nicht ein Stab seinen Schatten, sondern eine wulstige Keule. Deren Form gleicht die Verschiebungen des Sonnenstands im Laufe der Monate aus. Zur Wintersonnenwende und zur Sommersonnenwende muss die schattenwerfende Keule getauscht werden, damit auf der sichelförmigen Ablesescheibe wieder genauestens am Rand des Schattens die Uhrzeit abgelesen werden kann.

Egal, wie grell draußen die Sonne auf die Uhr scheint, im Inneren des Planetariums ist es Nacht. Im Kuppelsaal kann man sich auf den drehbaren und kippbaren Sesseln bequem nach hinten lehnen. Dann lässt eine digitale 360°-Fulldome-Video-Projektionsanlage, bestehend aus neun Hochleistungsprojektoren, die 2016 eingebaut wurden und die schärfste Auflösung aller Planetarien weltweit liefern, die Besucher durchs All fliegen. Das in der Mitte stehende UNIVERSARIUM, das die Form einer Kapsel von Überraschungseiern hat, lässt die Sterne funkeln. Die hellsten Sterne, die auch in der Natur auffällige Färbungen zeigen, werden entsprechend rötlich, gelblich oder bläulich projiziert. Die Szintillation, also das Flimmern, wird täuschend echt nachgebildet: Man kann den Sternenhimmel unter der Kuppel so leuchtend klar genießen, wie sonst nur auf Bergen weit weg von jeder die Nacht mit ihrer Beleuchtung verschmutzenden Stadt. Es werden Vorführungen angeboten, die Kindern ein Grundwissen über Sterne und Sternbilder bieten, aber auch Programme über neue astronomische Entdeckungen und historische Weltraummissionen.

Wie schnell die Zeit bei einer Reise durch die Nacht vergangen ist, verrät einem die Sonnenuhr, sobald man wieder draußen im grellen Sonnenlicht steht.

LAGE: Carl-Zeiss-Planetarium Stuttgart, Willy-Brandt-Straße 25, 70173 Stuttgart

PROGRAMM: www.planetarium-stuttgart.de/startseite/spielplan.html

HALTESTELLE: Staatsgalerie

DAMPF ABLASSEN

Killesbergbähnle fahren

Seit über 90 Jahren gibt es auf dem Killesberg ein Kinderbähnchen. Die älteste Bahn war eine Kinderstraßenbahn. Die gibt es immer noch, doch dreht sie heute auf dem Areal des Waldheims der Stuttgarter Straßenbahnen (SSB) in Stuttgart-Degerloch ihre Runden. Sie heißt Rumpelstilzchen und fährt mit Strom, den sie einer zweipoligen Oberleitung entnimmt.

Das Rumpelstilzchen bietet keine Fahrten für jedermann, sondern ausschließlich für die Kinder der SSB-Betriebsangehörigen an. Wessen Mama nicht U-Bahn-Fahrerin ist, der muss in den Killesberg. Dort taten die ersten Dampfloks ihren Dienst bei der Reichsgartenschau 1939. Die Wagen sind heute noch die von damals. Die ältesten der Loks, die sie heute ziehen, sind von 1950, aber Baugleich mit denen der Dreißiger Jahre. Es sind zwei Martens-Schlepptenderlokomotiven, das Springerle und der Tazzelwurm, sowie eine von der Mosbacher Lokfabrik Gmeinder gebaute Diesellokomotive, der Blitzschwoab. Der Schwobapfeil kam erst 1992 zur IGA dazu. Heute fahren die Bahnen auf einem Kurs, der 1955 verlegt wurde und knapp 2,3 Kilometer lang ist. Die Spurweite beträgt 15 Zoll, also 381 Millimeter.

Jedes Jahr an Karfreitag beginnt die Saison. An Sonn- und Feiertagen wird bei gutem Wetter nachmittags eine der Dampfloks aus dem Schuppen geholt, ansonsten wird mit Diesel gefahren. Einen Fahrplan gibt es zwar, aber der stimmt nicht, denn das Bähnle fährt los, wenn die Wagen besetzt sind. Da ist man flexibel. Lange warten muss man nie, denn Bähnlefahren ist Stuttgartern jeden Alters ein Vergnügen und ein Bedürfnis. Es gibt auch einen Rollstuhlwaggon.

Ein Highlight der Reise ist die Fahrt durch den 2.500 Quadratmeter großen Dahliengarten. Am prachtvollsten ist er im August und September, ehe im Oktober die Dahlien geschnitten und die Sträuße für einen guten Zweck verkauft, die Knollen aber für das nächste Jahr frostfrei eingelagert werden. Von Mai bis August ist dagegen eindeutig der Blick ins Tal der Rosen der Höhepunkt der Rundfahrt, die nach etwa zwölf Minuten ein Ende hat.

LAGE: Killesbergbahn im Höhenpark Killesberg, Am Kochenhof, 70192 Stuttgart

INFO: www.ssb-ag.de/erleben/killesbergbahn

HALTESTELLE (IN NORMALSPUR): Killesberg

29

BÄUCHE BESTAUNEN

Tiere auf dem Killesberg

Die Flamingos sind die älteste auf dem Killesberg angesiedelte Tierart. Sie zog schon 1939 zur Reichsgartenschau dort ein. Zu dieser wurde der Killesberg als Park angelegt, ein Gelände, das davor als Steinbruch, als Schuttdeponie und als landwirtschaftliche Fläche genutzt worden war.

Reichspropagandaleiter Joseph Goebbels fand die Reichsgartenschau trotz der kaum zu leistenden Arbeiten, zu denen auch jüdische Bürger und der Reichsarbeitsdienst zwangsverpflichtet wurden, geeignet, um andere Staaten von den geplanten Kriegsvorbereitungen abzulenken. Er kommandierte sogar Soldaten für die Arbeiten ab. Der Gauleiter der NSDAP in Württemberg-Hohenzollern, Wilhelm Murr, eröffnete den Killesbergpark mit den Worten: „Dies ist der Beweis für die friedliche Nutzung unserer Energien und unserer Wirtschaftsanstrengungen." Dahinterstehender Gedanke: Wer Becken für rosa Flamingos baut, kann nichts im Schilde führen.

Die Flamingos haben inzwischen eine eigene Voliere mit Fußbodenheizung für den Winter bekommen und können ganzjährig nahe der Milchbar beobachtet werden. In ihrer Nachbarschaft leben Ziegen, Ponys, Esel, Alpakas, Enten, Hühner, Gänse und Hängebauchschweine. Diese sehen mit ihrem eingedellten Kopf, der faltigen, gescheckten Haut, den spitzen Öhrchen, dem massigen Leib und den kurzen Beinen unbeholfen, aber niedlich aus. Sie sind lebhafter und für die Zuschauer interessanter als unsere heimischen Zuchtschweine. Ihnen macht es vermutlich auch am wenigsten aus, dass immer wieder Besucher das überall angeschlagene Schild des Fütterungsverbot missachten und Obst, Brotreste und Gemüse von daheim mitbringen und hineinschmeißen. Für die Alpakas ist das leider lebensgefährlich.

Wer das Füttern gar nicht lassen kann, der kann Pellets aus gepresstem Heu aus einem Automaten herauslassen und verfüttern. Wahrscheinlich ist es auch nicht schlimm, wenn Kinder gepflücktes Gras zu den Tieren werfen.

LAGE: Städtisches Garten-, Friedhofs- und Forstamt. Verantwortlich für die Tiere: Anita Konnopka und Susanne Miniböck (Tierpflegerinnen), Maybachstraße 3, 70192 Stuttgart

ÖFFNUNGSZEITEN: durchgängig zugänglich

HALTESTELLE: Maybachstraße

30 SCHIFF SCHAUKELN

Eliszis Jahrmarkt auf dem Killesberg

Eliszis Jahrmarkt ist ein wunderbarer Ort der Nostalgie, des Duftes nach frischen Waffeln, des Quietschens der Schiffschaukeln und des Bimmelns des Karussells. Im Zirkuszelt wird regelmäßig Swing oder Tango getanzt. Der Eintritt zu den Tanzveranstaltungen ist frei, wobei die Betreiber nichts gegen eine Spende zum Erhalt der Einrichtung haben.

Ein Oberlichtschindelwagen, welcher Anfang des 20. Jahrhunderts von der Firma Mack gebaut wurde, ist zu einem kuscheligen kleinen Theater mit plüschbezogenen roten Bänken umgebaut worden. 60 Kinder und Erwachsene haben vor der traditionellen Kasperletheaterbühne Platz. Auch wenn die Stücke eher für kleine Kinder gedacht sind, eignet sich der Besuch auch für Erwachsene, die für eine Weile in die Welt von Gretel, Wachtmeister und Krokodil eintauchen wollen.

An dem historischen Verkaufswagen mit Waffelbäckerei von ca. 1930 kommt man wegen des einladenden Dufts kaum vorbei. Hier gibt es darüber hinaus Kaffee, Popcorn und Eis.

Zum Bedienen der Schiffschaukel von Anfang 1900 braucht man ein wenig Muskelkraft. Die Hutwurfbuden von ca. 1880 gehören zu den wenigen noch originell erhaltenen Buden dieser Art. Noch bis in die 1960er-Jahren standen sie regelmäßig auf dem Cannstatter Wasen.

Das Hängebodenkarussell mit einem Durchmesser von acht Metern ist mit weißen, hölzernen Pferdchen mit bunten Geschirren ausgestattet. Kinder, denen die Gäulchen zu rasant erscheinen, finden auf einem Nilpferd Platz. Unweigerlich denkt man an Rainer Maria Rilkes Gedicht über das Karussell im Jardin du Luxembourg in Paris:

„Mit einem Dach und seinem Schatten dreht sich eine kleine Weile der Bestand von bunten Pferden, alle aus dem Land, das lange zögert, eh es untergeht."

Ein Ort, der verhindert, dass das Land untergeht, ist Eliszis Jahrmarkt.

LAGE: Eliszis Jahrmarkt, Killesbergpark, 70192 Stuttgart

ÖFFNUNGSZEITEN: April bis Oktober montags bis freitags ab 14.00 Uhr, an Wochenenden und Feiertagen ab 11.00 Uhr. Der Jahrmarkt schließt zwischen 19.00 und 23.00 Uhr.

VERANSTALTUNGSKALENDER: www.eliszis.de/?page_id=566

HALTESTELLE: Killesberg

31

FLECKEN SUCHEN

Sonnenführung der Sternwarte

D ie klassischen Sternführungen auf der Uhlandshöhe finden immer abends statt, montags und mittwochs bis samstags kann man im Oktober bis Januar ab 20.00 Uhr, von Mai bis August ab 22.00 Uhr und in den anderen Monaten ab 21.00 Uhr die Sterne beobachten, wenn sie nicht von Wolken verdeckt sind. Die Sterndeuter arbeiten ehrenamtlich, man kann sich sogar auf Anfrage die Sterne auch auf Englisch oder Französisch erklären lassen. Die Führung dauert eine Stunde.

Sonntags werden zusätzlich Sonnenführungen angeboten. Auch bei ihnen schaut man durch den faszinierenden Zeiss-Refraktor, das Schmuckstück der Sternwarte auf der Uhlandshöhe. Er ist ein Geschenk von Auguste Kessler aus Wasseralfingen, die der Sternwarte das Teleskop, das etwa 1911 gebaut worden sein muss, überließ.

Nach einem Brand 2015 musste das ganze Teleskop überarbeitet werden, doch nun ist es wieder wie neu. Seine Messingrädchen schnurren wieder. Ein Gewicht treibt den Mechanismus des Refraktors an, wie ein Uhrengewicht eine Uhr. So bleibt das Rohr auf die beobachteten Objekte ausgerichtet und wird nachgeführt. Wie das geht, wird zu Anfang der Führung beschrieben.

Da der direkte Blick auf die Sonne für die Augen schädigend ist, soll man durch Metallfolien blicken. Eine solche in größer ist vor den Refraktor gespannt. Das Dach der 1922 erbauten Sternwarte ist in einem Segment zur Sonne hin geöffnet. Man kann, wenn es welche gibt, Sonnenflecken auf dem roten, leicht pickelig wirkenden Ball sehen. Ob sie vorhanden sind, hängt ab davon, in welchem Abschnitt des Sonnenzyklus wir uns befinden, den man bei der Führung ebenso erklärt bekommt wie die Entstehung von Protuberanzen, die man durch das zweite, am Refraktor angebrachte Sonnenteleskop sehen kann.

Die Sonne ist nicht immer gleich aktiv. Aber keine Sorge, auch wenn man durch das Teleskop am Beobachtungstag eine ganz regelmäßig scheinende, fleckenlose Sonne sehen sollte, werden per Beamer Aufnahmen gezeigt, wie es aussieht, wenn es auf der Sonne gerade besonders heiß hergeht.

LAGE: Schwäbische Sternwarte e. V., Zur Uhlandshöhe 41, 70188 Stuttgart

SONNENFÜHRUNGEN: April bis Oktober sonntags um 15.00 Uhr (nicht bei bewölktem Himmel)

HALTESTELLE: Heidehofstraße

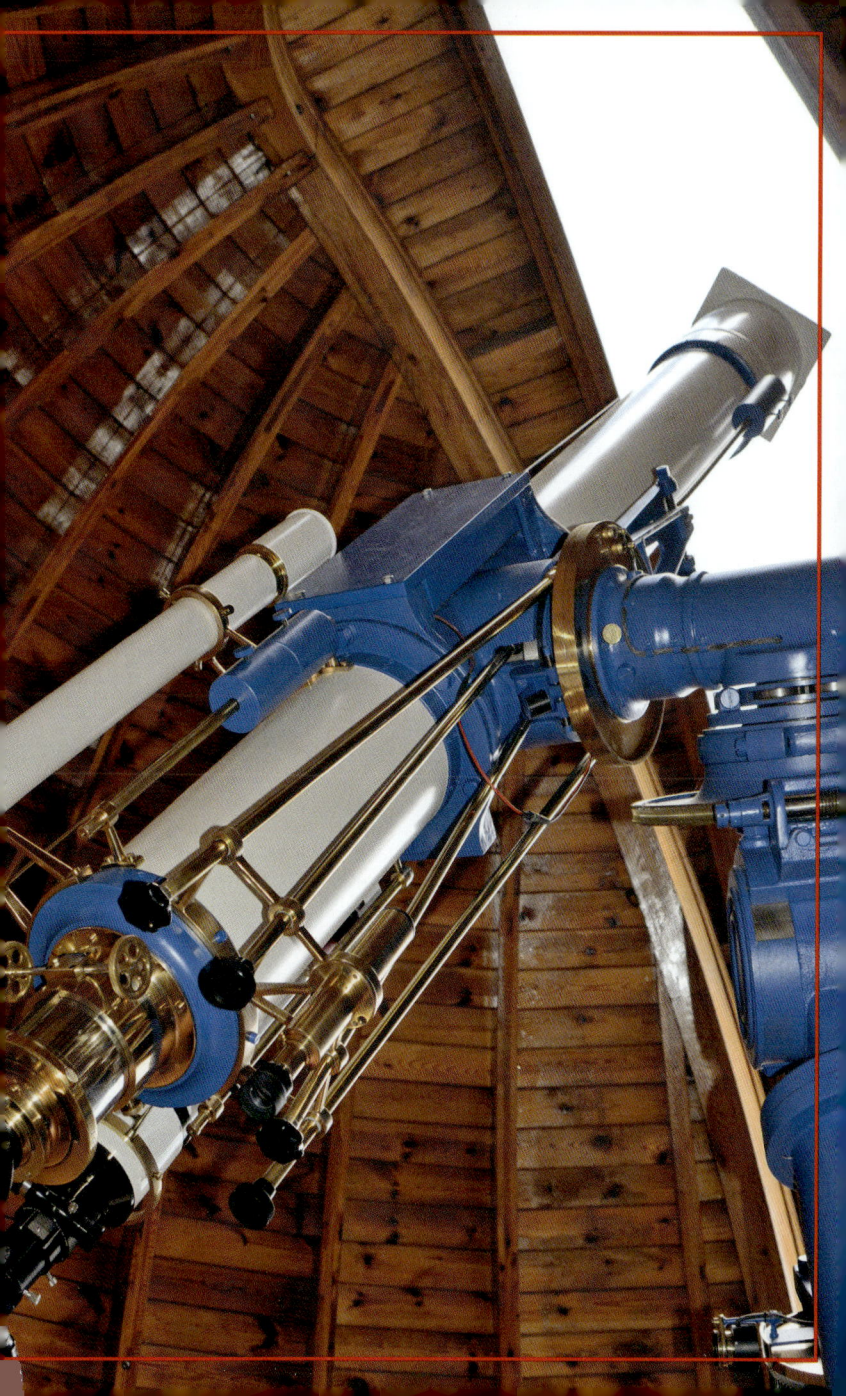

32 AN DIE MACHT KOMMEN

Parköffnung der Villa Reitzenstein

Die Villa Reitzenstein ist an Tagen, an denen der Park für die Bevölkerung geöffnet ist, gut besucht. Am Sitz des Ministerpräsidenten finden immer wieder politische Picknicks mit Jugendlichen und Entscheidungsträgern statt, Eric Gauthier hat im Park schon die Bäume tanzen und hüpfen lassen. Im „Runden Saal" dürfen sich gekrönte und nicht gekrönte Staatsoberhäupter bei Staatsbesuchen ins Gästebuch des Landes eintragen. Hier werden Auszeichnungen und Orden verliehen, sowie die Sternsinger empfangen. Am großen ovalen Holztisch im Kabinettssaal, der früher ein Billardsaal war, trifft sich die baden-württembergische Landesregierung unter der Leitung des Ministerpräsidenten zur wöchentlichen Kabinettssitzung.

Bei aller Idylle der Lage ist die Villa Reitzenstein heute neben dem Landtag das Entscheidungszentrum der Landespolitik und kein einsamer Ort. Parkanlage und Villa wirken wie für große Gesellschaften gebaut. 28 Millionen Goldmark hat die Erbauerin Helene von Reitzenstein 1910 bis 1913 dafür ausgegeben. Sie hatte von ihrem Vater die Hälfte eines Verlags geerbt und war dadurch seinerzeit eine der reichsten Frauen im Land. Doch auch wenn das Haus Platz für eine riesengroße Familie geboten hätte: Helene war verwitwet, kinderlos und lebte zurückgezogen und allein (nebst Personal) in dem schlossähnlichen Gebäude. Sie war auch nicht gesellig, gab keine Partys und empfing lediglich regelmäßig ihre Freundin Königin Charlotte von Württemberg. Ab und an kamen auch Graf Neipperg, Baronin Wöllwarth, der Bankier Federer und die Schauspielerin Ida Russka vorbei.

Das Gebäude ist aus dem unregelmäßig gefärbten Maulbronner Sandstein errichtet, der die Fassade farblich lebendig leuchten lässt. Sein Rot stammt vom enthaltenen Hämatit. Der Garten ist eine Kombination aus französischem und englischem Garten, aus Symmetrie und Natürlichkeit. Ein Feuchtbiotop mit Tempelchen bietet eine wunderbare Fernsicht. Bienen produzieren – den Staatsgästen vorbehalten – Regierungshonig. Ein verschlungener moosiger Weg zwischen Felsen führt zu einem lindenumstandenen, runden Wasserbassin.

LAGE: Staatsministerium Baden-Württemberg, Richard-Wagner-Straße 15, 70184 Stuttgart

ÖFFNUNGSZEITEN: www.stm.baden-wuerttemberg.de/de/ministerium/villa-reitzenstein-und-park/termine

HALTESTELLE: Bubenbad

33 SAUMÄSSIG VIEL SEHEN

Schweinemuseum im Alten Schlachthof

Die größte Ferkelzucht Europas hat 10.000 Muttersauen. Das sind nur ein Fünftel so viele, wie man im Schweinemuseum bestaunen kann. Das Museum hat nämlich mehr als 50.000 Exponate! Einige Hundert Kuschelschweine bilden eine zweieinhalb Meter hohe Kuschelschweinpyramide, Schweine schmiegen sich schließlich gerne zum Schlafen aneinander.

Ein Saal ist dem Wildschwein gewidmet: Das Ortswappen von Eberbach prangt neben Schützenscheiben und Jagdtrophäen in einem teils holzvertäfelten Raum. Ein Kalenderraum zeigt in zu öffnenden Kästen ein Exponat für jeden Tag. Interessant ist das sogenannte Labor, in dem die embryonale Entwicklung von Mensch und Schwein verglichen wird. Ein Raum mit dunkelrot marmorierten Wänden und einem goldenen Schwein in der Mitte zeigt Gemälde und Zeichnungen verschiedener Schweinerassen der Welt. Der Raum „Küche" ist einzig und allein Küchenaccessoires und Geschirr mit Schweinedekor gewidmet. Hier gibt es Vesperbretter mit Brandmalereischweinen, Steinguttassen mit Schweinen bemalt, Salzstreuer in Sauform. Im „Tresor" lagern Sparschweine verschiedener Bauart und im Setzkasten leben in

Einzelställchen Hunderte Minischweine. Selbst Badeaccessoires für Menschen, die sich in Schweinen suhlen wollen, haben eine extra Vitrine.

Besonders originell ist der Raum „Das Schwein in Wort und Schrift", in dem Sprichwörtern und Schweinekomposita nachgegangen wird: „Schwein haben", „ein Ferkel sein", „die Sau rauslassen", „die Sau durchs Dorf treiben", „Pistensau", „Rampensau" und vielen mehr. Der Raum „Geile Sau" zeigt in Peepshow-Atmosphäre erotische Schweinefiguren.

Alles, was in den zwei Stockwerken thematischer Sammlung keinen Platz gefunden hat, ist unter dem Dach in einem Schaudepot zu sehen. Hier liegen etwa ganze Stapel mit Geschirrtüchern mit Schweinedekor – und auf alle Fälle genug Schweine, um drei weitere Schweinemuseen saugut zu bestücken.

LAGE: Schweinemuseum, Schlachthofstraße 2a, 70188 Stuttgart

ÖFFNUNGSZEITEN:
täglich 10.00–18.30 Uhr

HALTESTELLE: Schlachthof

Das Schweinemuseum ist nicht barrierefrei.

34 BÄRLAUCH SAMMELN

Park der Villa Berg

Die Villa Berg liegt im Dornröschenschlaf, glücklicherweise ist sie nicht von einer undurchdringlichen Rosenhecke umschlossen!

Der Rosengarten etwas abseits mit einem Belvedere, verklinkerten Balustraden und einer Pergola aus Lärchenholz ist frisch saniert, der Brunnen abends beleuchtet – und im Spätsommer duften die Blüten der 1.900 Rosenstöcke.

Wer zur Villa möchte, muss also keine Dornenhecke durchdringen, sondern lediglich Bärlauch, der in riesigen Mengen wächst, auf dass alle Stuttgarter im Frühling hier die Zutat für ihr Bärlauchpesto finden könnten. So liegt im Vorfrühling über dem ganzen Gelände ein zwiebeliger Duft.

Die Villa Berg heißt nicht Schloss, denn das württembergische Kronprinzen- und spätere Königspaar Karl und Olga nutzten sie lediglich als Sommersitz. Die Villa ist architektonisch an die italienischen Landhäuser der Renaissance angelehnt. Sie bietet große Terrassen und einen (seinerzeit) englischen Landschaftspark zum Flanieren. Der russisches Zar Alexander führte hier 1857 Friedensgespräche mit dem französischen Kaiser Napoleon.

Herzogin Wera von Württemberg, Großfürstin von Russland und Adoptivtochter von Karl und Olga, erbte die Villa und lebte dort bis 1912. Der große Ballsaal wurde nach dem Krieg, als die Villa zerstört und vom SDR wieder aufgebaut wurde, zum „Großen Sendesaal". Also: Ein Ort mit Geschichte. Die Sendesäle des SWR können heute nebenan bei Führungen besichtigt werden.

Zwischen dem Park der Villa Berg und dem Schlossgarten liegt am Trollingersteg der versteckte Japangarten. Neben japanischen Zierkirschen an einem Bachbett mit Felsen und Steinen, einer Steinlaterne, Bambuszäunen und -pflanzen kann man unter einer Pergola aus Holz entspannen. Der Garten war ein Geschenk der Präfektur Kanagawa an das Land Baden-Württemberg. Kanagawa ist Baden-Württembergs japanische Partnerregion, die im Ballungsgebiet Tokios liegt.

LAGE: Villa Berg, Villa Berg 1, 70190 Stuttgart

ÖFFNUNGSZEITEN: durchgängig zugänglich

HALTESTELLE: Bergfriedhof

35

IN TRÜMMERN RUHEN

Städtisches Lapidarium

Wir verwenden das Wort „lapidar" für knappe und passende Aussagen, die so kurz sind, dass man sie in Stein hauen könnte. Und vom Stein, „Lapis", stammt auch das Wort Lapidarium. Das Lapidarium in Stuttgart ist ein Ort der Steine, aber nicht nur. Es ist wie ein Garten der italienischen Renaissance gestaltet, mit Mosaiken, plätscherndem Wasser und üppigem Grün. Es gibt verspielte Winkel, eine Wandelhalle, Rückzugsorte mit besonderem Flair, weit von einer rational und übersichtlich aufgebauten Ausstellung entfernt, eher pittoresk, idyllisch, ruhig.

An den Wänden finden sich römische Fragmente, die der einstige Besitzer des Gartens, der damals wohl wohlhabendste Stuttgarter Karl von Ostertag-Siegle, um 1900 zusammengetragen hat. Den Garten hatte er auf einem Gelände anlegen lassen, das bis dahin Weinberg war und zu seiner Villa in der Mörikestraße 24 gehörte. Sein Schwiegervater war Gustav Siegle gewesen, was den Reichtum erklärt: Gustav Siegle war Chemiker und entwickelte Anilinfarben, er war Mitbegründer der Badischen Anilin- und Sodafabrik, besser bekannt als BASF, und machte dann seine eigene Farben- und Lackfabrik in Feuerbach auf. Seine Familie kaufte die

Aktienmehrheit der WMF. Das Vermögen der Ostertags war in etwa so groß wie das des württembergischen Königs.

Villa und Garten gehören heute der Stadt. Und die ließ nach den Bombenangriffen im Jahr 1944 mit Genehmigung der Amerikaner verschüttete Steinfragmente hierherbringen, etwa Portalfragmente eines der ältesten Häuser Stuttgarts aus dem 13. Jahrhundert, die Jaspisschale Königin Olgas sowie Bruchstücke von Danneckers Nymphengruppe, die dem Garten zusammen mit Grabtafelteilen und Kanonenkugeln einen morbiden Charme verleihen.

Kreativität statt Untergang erfüllt den Garten, wenn Zuhörer die Stufen am bronzenen Ritter emporsteigen, um über die Geschichten von „Get Shorties", der quicklebendigen Kurzgeschichtenlesebühne, zu lachen, zu grübeln und sich ertappt zu fühlen.

LAGE: Museum für Stuttgart – Städtisches Lapidarium, Mörikestraße 24/1, 70178 Stuttgart

ÖFFNUNGSZEITEN: mittwochs, samstags und sonntags 14.00–18.00 Uhr

HALTESTELLE: Mörikestraße

RAUF-RATTERN

Zahnradbahn Zacke

In Deutschland gibt es vier Zahnrad-bahnen: die Drachenfels-, die Zug-spitz-, die Wendelsteinbahn und die Stuttgarter Zacke. Bei der Wendelstein-bahn kostet die einfache Fahrt stolze 23 Euro, in Stuttgart 2,50 Euro. Wer eine VVS-Tages-, Monats- oder Jahreskarte hat, für den ist die Fahrt in der Karte enthalten. Die Zacke ist die einzige Zahnradbahn, die für den Stadtverkehr gemacht ist. Touristen werden auch mit-genommen, sogar solche, die mit dem Rad unterwegs sind und nicht auf die Filderebene hochstrampeln wollen. Sie dürfen ihr Rad vorne auf den Fahrrad-ständer packen. Ansonsten ist die Bahn ein Nahverkehrsmittel, mit dem man zur Arbeit oder zum Einkaufen fährt.

1884 wurde sie für Landwirte erbaut, die Milchkannen und Gemüse in die Stadt bringen und am Abend gerne wieder bequem auf die Fildern ge-langen wollten. Zwar gab es schon die Weinsteige (heute „alte" Weinsteige), doch die Straße war so steil, dass man je nach Gewicht der Fracht 16 Pferde vorspannen musste. Die Schienen ver-laufen größtenteils entlang der Alten Weinsteige.

Auf den ersten 1,7 Kilometern ab dem Marienplatz werden 207 Höhenmeter überwunden, auf den letzten 500 Me-tern fällt die Strecke um drei Höhenme-ter ab. Die maximale Steigung beträgt 17,8 Prozent! Zwischen den Haltestel-len Pfaffenweg und dem Haigst gibt es einen Panoramablick auf den Talkessel. An der Wielandshöhe liegt der gleich-namige Gourmettempel des Sterne-kochs und Imkers Vincent Klink, der es sich verbittet, dass Gäste einen Platz am Fenster erbitten. Die Leute sollen wegen des Essens kommen.

An der Haltestelle Pfaffenweg lohnt es sich, auszusteigen und zusammen mit der steinernen Naturgöttin der Maori vom Santiago-de-Chile-Platz auf die Stadt zu schauen. Es ist wahrschein-lich der meistfotografierte Ausblick der Stadt, Weinberge inklusive.

LAGE: Zahnradbahn Stuttgart, Marienplatz, 70178 Stuttgart

FAHRZEITEN: werktags 5.15–20.45 Uhr alle 15 Minuten, sonntags 6.30–07.30 Uhr alle 30 Minuten, 8.00–20.45 Uhr alle 15 Minuten

Fahrradmitnahme täglich ab 05.45 Uhr, nur bergauf, nur durchge-hend von Marienplatz bis Degerloch, sonntags ab 7.00 Uhr

HALTESTELLE: Marienplatz

37 EIN RAD SCHLAGEN

Capoeira am Südheimer Platz

Capoeira werde weder getanzt noch gekämpft, Capoeira werde gespielt, lernt man gleich zu Beginn der Übungsstunde, zu der jeder kommen kann, der Lust hat, sich zu bewegen und neue Sportarten kennenzulernen. Und spielerisch ist die ganze Sportstunde auf der Rasenfläche zwischen dem Alten Schützenhaus und der Calisthenics-Station. Es gibt keine Verpflichtung, keine Kursgebühr, keine Unterscheidung zwischen Anfängern und Fortgeschrittenen. Selbst vorbeigehende Kleinkinder entscheiden sich zur Freude der Teilnehmenden spontan, mitzusporteln. Es geht um Spaß am Draußensein und an Bewegung.

Capoeira ist ein gespielter, rhythmischer Schaukampf, den Sklaven aus Afrika nach Brasilien brachten. Er enthält akrobatische Einlagen, von denen einfache im Park geübt werden. Capoeirastunden werden auch im Park der Villa Berg und in den Anlagen zwischen Café Nil und Schachbrett angeboten.

Von Mai bis September stehen rund 70 Sportangebote pro Woche auf den Grünflächen im gesamten Stuttgarter Stadtgebiet zur Verfügung. Sport getrieben wird bei Sonnenschein und Regen. Im Programm sind Angebote zu verschiedenen Tageszeiten enthalten. Da gibt es Training auf der Slackline, Jonglierkurse, Pumptrack-Training, bei dem die Helme und die Dirtbikes gestellt werden, Fitnesstraining für Senioren, Ballsport für Kinder ab vier Jahren, Gymnastik für Mamis und Papis mit Kinderwagen und Krafttraining mit Kugelhanteln, Yoga, Selbstverteidigung, Jogging … es fehlt kaum eine Sportart, die man ohne viele Gerätschaften an der frischen Luft ausüben kann.

Das Amt für Sport und Bewegung, der Sportkreis Stuttgart und die AOK Stuttgart-Böblingen erstellen das Programm gemeinsam. Sie arbeiten mit den Sportvereinen zusammen. Das Programm ist ideal für all diejenigen, die sich etwa aufgrund von Schichtdienst nicht auf ein regelmäßiges Training in einem Verein festlegen können, oder die einfach spontan Lust haben, mitzumachen und ein Rad etwa am Südheimer Platz zu schlagen.

LAGE: Amt für Sport und Bewegung, Bewegungsförderung und Sportentwicklung, Kronprinzstraße 13, 70173 Stuttgart

ANGEBOTE:
www.stuttgart.de/sportimpark

HALTESTELLE: Südheimer Platz

Pflicht
des
Fahrgastes
ist es, sich auf dem

Wagen sofort einen

festen Halt

zu verschaffen.

38 HOLZKLASSE FAHREN

Standseilbahn zum Waldfriedhof

Die Seilbahn wirkt unglaublich edel: Beide Wagen, die sich auf jeder Fahrt einmal begegnen und aneinander vorbeifahren, sind aus Teakholz gezimmert, glänzen in einem Braun mit Honignuance, die Emailleschilder sind in zartem Elfenbein gefärbt und die Verschlüsse der Türen und Klinken aus zeitlosem Messing. Die Bahn fährt mit sehr geringem Energieaufwand, weil der nach unten fahrende Wagen den auf dem Hochweg befindlichen nach oben zieht.

Die Standseilbahn fuhr immer schon auf Knopfdruck, benötigte keinen Schaffner, und die Karten gab es schon vor 90 Jahren am Automaten. Das, was auf uns heute modern, ökologisch und elegant wirkt, war zur Entstehungszeit während der Weltwirtschaftskrise eine Frage der Wirtschaftlichkeit: Mit der Bahn ließ sich kein Geld verdienen. Sie sollte einigermaßen würdevoll Trauergäste und Angehörige der Verstorbenen zum Waldfriedhof in Degerloch bringen, aber sie sollte nicht teuer im Betrieb sein.

Heute sind alle froh über das Design der Bahn, denn Stoffbezüge hätten sicher keine 90 Jahre durchgehalten. Die Holzbänke sind immer noch formschön und ansehnlich – und absolut nobel!

Der Waldfriedhof bietet den bedeutenden Personen der Stuttgarter Geschichte eine letzte Ruhestätte: Theodor Heuß, dem ersten Bundespräsidenten, Arnulf Klett (der am längsten amtierende OB), Unternehmern wie Robert Bosch (der mit der Zündkerze), Gottlob Bauknecht (der Erfinder der Wäscheschleuder) und Künstlern wie Adolf Hölzl und Oskar Schlemmer.

1974 wurde an der Bergstation der Seilbahn ein weiterer Friedhof, der Dornhaldenfriedhof, angelegt. Auch hier liegen Menschen mit bekannten Namen und Einfluss auf die Geschichte: Andreas Baader, Gudrun Ensslin und Jan-Carl Raspe. Raspe und Baader stammten eigentlich aus Frankfurt und Berlin, doch der damalige Oberbürgermeister Rommel war bereit, allen drei Terroristen ein würdiges Begräbnis in Stuttgart zukommen zu lassen. Seine Begründung lautete seinerzeit: „Mit dem Tod muss alle Feindschaft enden."

LAGE: Seilbahn Stuttgart, Südheimer Platz, 70199 Stuttgart

ABFAHRT: täglich 9.10–17.50 Uhr alle 20 Minuten

HALTESTELLE: Südheimer Platz

ESSEN TEILEN

Café Raupe Immersatt

Direkt am Hölderlinplatz, an der Endhaltestelle der Stadtbahn, liegt Stuttgarts ungewöhnlichstes Café. Belegte Brötchen, süße Stückchen, Brot, Kuchen, Joghurt: alles umsonst. Man darf sich nehmen, was man möchte, und das Ganze entweder nach Hause tragen oder auf einem gemütlichen Sofa, einem Plüschsessel oder einem der ganz verschiedenen weißen oder naturhölzernen Stühle zu sich nehmen.

Auch noch ungewöhnlich: Manche Stühle haben Namen! Wer über eine Crownfunding-Kampagne bereit war, die Eröffnung des Foodsharing-Cafés mit zu ermöglichen, konnte seinen Namen in einen Stuhl gravieren lassen. Alles ist sehr stilvoll gestaltet, industrial touch durch unverputzte Wände und Estrichboden, auf den Tischen stehen echte Blumen, Kissen zieren Fensterbänke. Draußen gibt es ebenfalls Tische und WLAN ist kostenlos – ganz schön viel für umsonst!

Die Lebensmittel, die es gibt, sind alle nicht mehr verkäuflich, doch für den Müll wären sie zu schade. Läden in Stuttgart haben sie von den Mitgliedern des Vereins „Fairteiler", der abgelaufene Lebensmittel oder anderes nicht mehr Verkäufliche rettet, abholen lassen. Man muss als Besucher des Cafés Raupe Immersatt

aber keine Sorge haben, dass man den Menschen, die auf Tafeln angewiesen sind, etwas wegessen würde. Die Tafeln haben Vorrang. Im Café Raupe Immersatt landen Lebensmittel, die dort nicht nachgefragt werden, zu kleine Mengen etwa. Das Café will aufmerksam machen auf Lebensmittelverschwendung.

Finanziert wird das Café über Getränke, wobei jeder Gast selbst entscheidet, was ihm der Biosekt, die „Halbe", Mate, verschiedene Saftschorlen, Rum, Gin und andere Schnäpse, alle Arten von Kaffee, Tee oder Schokolade wert sind. Serviert werden die Heißgetränke in Tassen der Keramikwerkstatt Töpferliebe oder in Pfandtassen von „Recup", in denen man den Kaffee mitnehmen und den Becher später zurückbringen kann.

Ein Zukunftstraum wäre es, einen Koch anstellen zu können, der kreativ genug ist, um aus dem, was gerade da ist, auch warme Speisen zu zaubern, jeden Tag etwas anderes.

LAGE: Café Raupe Immersatt, Johannesstraße 97, 70176 Stuttgart

ÖFFNUNGSZEITEN: mittwochs bis montags 10.00–22.00 Uhr

HALTESTELLE: Hölderlinplatz

LAGE: Dinkelacker-Schwaben Bräu GmbH & Co. KG, Tübinger Straße 46, 70178 Stuttgart

FÜHRUNGEN: dienstags und donnerstags ab 18.00 Uhr

ANMELDUNG UNTER: www.familienbrauerei-dinkelacker.de/buchung.html

HALTESTELLE: Marienplatz

Nur für trittsichere Personen (Treppen) ab sechs Jahre

KELLERBIER ZAPFEN

Brauereiführung bei Dinkelacker

Dies sei der schönste Winkel Stuttgarts, prahlt ein riesiges Plakat auf dem Werksgelände von Dinkelacker, unzweifelhaft beherbergt es aber den kältesten Winkel Stuttgarts.

Um das ganze Jahr über auch untergärige Biere brauen zu können und sie im Hochsommer trinkbar zu halten, sind konstante Temperaturen von vier Grad Celsius optimal, erfährt man bei der Führung. Um die halten zu können, hat Carl Dinkelacker im Jahr 1888 den damals noch am Stadtrand gelegenen Firmenstandort gewählt. In die Karlshöhe wurden Stollen getrieben, in die man im Winter das aus Seen geschnittene Eis mit Pferdeschlitten einfuhr.

Die Besucher dürfen in einem der inzwischen leeren und im Zweiten Weltkrieg als Schutzbunker verwendeten Eiskeller ein bisschen bibbern – aber erst, nachdem sie in Carls Braukeller ein erstes Bier getrunken, einem Vortrag über den Bierkonsum und den Biermarkt zugehört haben, Sprichwörter über Bier erklärt bekamen und sich im Sudhaus wärmen konnten.

Die Brauerei ist ein moderner Industriebetrieb. In Edelstahltanks lagert das auf Vorrat gespeicherte Bodenseewasser der Landeswasserversorgung – und der Führer garantiert, dass auch bei der Konkurrenz das Brauwasser nur im Film über bemooste Steine sprudle. Das Brauwasser müsse ohnehin erhitzt werden und mineralstoffarm sein. Und nicht nur das Wasser, auch alle anderen hochwertigen Zutaten stammen aus Baden-Württemberg. Man produziere nachhaltig und regional.

Die Gästegruppe sieht bei der Führung eine Entalkoholisierungsanlage, in der den Untergärigen der Alkohol entzogen wird, Silos für Treber, der als Tierfutter Verwertung findet, und solche für die Hefe, die sich beim Brauvorgang vermehrt – aus einer Zelle werden vier – und die sich Bäckereien und Kosmetikhersteller regelmäßig abholen können.

Im Gärkeller zapft jeder Gast sich ein Kellerbier in ein Glas, das man mitnehmen darf. Anschließend werden fünf Biersorten der Marken Sanwald, Wulle, Dinkelacker und Cluss (Marken, die alle bei Dinkelacker gebraut werden) verkostet und es gibt Fleischküchle oder echt schwäbische Kässpätzle, je nach Wunsch.

41

ENGAGIERT RADELN

Critical Mass

Ritzel statt Rußpartikel – das ist das Motto der Critical Mass, die auch in Stuttgart an jedem ersten Freitag im Monat stattfindet. Gestartet wird um 18.30 Uhr am Feuersee. Die Radler wollen eine fahrradfreundliche Stadt, da gibt es in Stuttgart noch viel zu tun!

Der Masse kommt eine Regel der Straßenverkehrsordnung entgegen, die vorgibt, dass mindestens 16 Radlerinnen und Radler ein Verband sind. Sie müssen dann nicht am rechten Rand der Straße bleiben, sondern dürfen auf der Breite einer Fahrbahn nebeneinander fahren. Außerdem darf der ganze Verband die Ampelanlage überqueren, wenn die ersten „Grün hatten". Der Verband bestand an manchen Freitagen schon aus über 2.100 Rädern!

Die Fahrradaktivistinnen und -aktivisten auf ihren Drahteseln verbinden Spaß mit Protest. Das Tempo ist langsam, damit die kleinsten Demonstranten im Grundschulalter nicht abgehängt werden. Mit von der Partie sind Dirtbikes, Cruiser, BMX-Räder, Tandems, Rennmaschinen, Hollandräder, Liegeräder, Handbikes, Lastenräder, Lowrider, Falträder, E-Bikes, Oldtimer, Fahrräder mit Musikanhänger, kurzum: alles, was zwei und manchmal auch drei Räder

hat. Die Critical Mass ist jeden Monat auf einem anderen Kurs unterwegs, eskortiert von Polizisten mit Motorrädern, die sichtbar froh sind, mal eine derart entspannte Demo zu begleiten.

Die Teilnehmerinnen und Teilnehmer sind aufgerufen, sich an die Straßenverkehrsordnung zu halten. Sogenannte Corker, Radfahrer mit gelben T-Shirts, rasen immer wieder links vorbei, um die Autofahrer an der nächsten Straßenkreuzung, aber auch an Fußgängerampeln, zu beruhigen und ihnen die Ziele der Critical Mass zu erklären. Corkern muss links ein Streifen freigelassen werden, ebenso wie für die Motorradeskorte.

Einen Verstoß begehen aber alle: Man soll eigentlich nur bei Gefahr klingeln, aber wenn man mit Hunderten Radlern gemeinsam durch den Tunnel der B14 rollt, kann man nicht anders, als die Akustik zu testen. Schließlich wollen die Radler gehört werden!

TREFFPUNKT: Gutenbergstraße 16, 70176 Stuttgart

ROUTE DER NÄCHSTEN CRITICAL MASS: criticalmassstuttgart. wordpress.com/strecken

HALTESTELLE: Feuersee

STÄDTISCHEN WEIN KOSTEN

Biergarten Karlshöhe

Die Karlshöhe trennt den Süden vom Westen Stuttgarts, der Park liegt unterhalb eines ehemaligen Steinbruchs. Hier wurde Sandstein der Stuttgart-Formation abgebaut, den man früher Schilfsandstein nannte, weil man die fossilen Schachtelhalme darin für Schilf hielt: Der Stein war aufgrund seiner Härte als Baumaterial sehr begehrt. Durch die Undurchdringlichkeit des Gesteins konnte sich die Karlshöhe bilden, bzw. fiel dadurch der Erosion nicht zum Opfer.

In der Nähe des alten Steinbruchs sind noch Betonklötze zu sehen. Es waren wohl die Fundamente von Stellungen der Fliegerabwehrkanonen aus dem Zweiten Weltkrieg. Auf der Karlshöhe stand auch eine Ballonfüllmaschine. Bomber sollten durch die Ballone beim Abwurf behindert werden.

Einer der Wege auf die Höhe, der Jean-Amery-Weg, führt am Pallas-Athene-Brunnen vorbei. Der Brunnen war Element des im Zweiten Weltkrieg zerstörten Gartens und der Villa von Gustav Siegle. Interessant, dass eine Familie wie die Siegles, die mit Chemikalien und deren Erforschung reich wurde, in ihrem Garten den Segen und den Fluch des Strebens nach Wissen verbildlichen ließ: Der dargestellte Prometheus hat laut griechischer Mythologie den Menschen das Feuer gebracht, Pandora dagegen brachte alle erdenklichen Übel. Über sie beide regiert als obere Brunnenfigur Athene, die Göttin der Weisheit.

Wer vom Spazieren und Philosophieren müde ist, kann sich vorzüglich im Biergarten der Karlshöhe mit wunderbarem Blick über den Osten der Stadt bei Maultaschen und Kartoffelsalat erholen! Neben Bier gibt es unter anderem Stuttgarter Riesling vom Weingut Stadt Stuttgart, also aus den Trauben, die auf der Karlshöhe wachsen. Insgesamt bewirtschaftet das Weingut 16 Hektar Rebfläche. Es hat den Auftrag, historische Lagen in der Innenstadt zu erhalten. Wein ist in Stuttgart altes Kulturgut. Nachgewiesen ist, dass Mönch Ulrich schon im Jahr 1108 dem Kloster in Blaubeuren Weinberge schenkte, die im Stuttgarter Talkessel lagen. Viele der Weinberge sind nicht anders als von Hand zu bearbeiten.

LAGE: Tschechen und Söhne, Humboldtstraße 44, 70178 Stuttgart

ÖFFNUNGSZEITEN: je nach Wetterlage; bei schönem Wetter täglich 11.00–24.00 Uhr, bei durchwachsenem Wetter Auskunft unter Tel. 0711-674 40 64

HALTESTELLE: Feuersee

AUFGÜSSE GENIESSEN

Teeschule im Tai Chi Teehaus

Haben Sie bisher morgens ein Beutelchen Tee aus einer Pappschachtel an einem Fädchen in eine Tasse gehängt, heißes Wasser aufgegossen und die auf dem Papieretikett empfohlenen Minuten brav gewartet, bis Sie den Aufguss getrunken haben? Sie werden das nie wieder so machen, wenn sie einen Teekurs bei Aimin Wagner besucht haben.

Aimin Wagner ist Germanistin, Dolmetscherin bei Gericht und ausgebildete Teemeisterin. Sie betreibt ein Teehaus an der Haltestelle Schwabstraße und leitet Reisen zum Thema Tee nach China. Ihr Lieblingstee ist einer aus ihrer Heimat: Pu-Erh-Tee. Die Teemeisterin spricht über Tee wie eine Önologin über Wein. Und sie führt Teetrinkerinnen und Teetrinker ein in die Geheimnisse der optimalen Teezubereitung.

Guten Tee, so lernt man, während Aimin Wagner die Blättchen der Teepflanze im durchsichtigen Kännchen zur Entfaltung bringt, erkennt man daran, wie viele Blättchen der jungen Teetriebe gepflückt wurden. Schwimmen die Blätter senkrecht im Kännchen, handelt es sich um exquisite Qualität. Auch die jüngsten drei Blätter, die zusammengerollt getrocknet werden und in der Kanne wieder ihre Form annehmen, sind gut. Danach sinkt die Qualität. Die Teemeisterin lehrt zu erkennen, ob der Tee einen leicht herben Geschmack und einen süßlichen Abgang hat, ob der Geschmack lange anhält, oder ob der Tee die Speichelproduktion anregt. Man erfährt, dass guter Tee aus der Frühlingsernte stammt, dass gute Plantagen keinen Sommertee anbieten und eventuell sogar nur eine einzige Herbsternte.

Pu Erh, Wagners Lieblingstee, wird aus den Blättern betagter Teebäume aus Teewäldern gemacht und nicht in Teeplantagen hergestellt. Er wird gepresst und gewinnt je nach Alter an Qualität. Man lernt in der Teeschule einen Pu Erh kennen, der, gelagert in unreifen, getrockneten Orangen, einen limettigen Geschmack besitzt.

Aimin Wagners Tees sind kostbar, aber ergiebig. Die Blätter können immer wieder mit heißem Wasser aufgegossen werden.

LAGE: Tai Chi Teehaus, Schwabstraße 18, 70197 Stuttgart

ÖFFNUNGSZEITEN: montags bis freitags 10.30–20.00 Uhr, samstags 10.00–18.00 Uhr

TERMINE FÜR TEESCHULUNGEN: info@taichi-teehaus.de, 0711-504 509 05

HALTESTELLE: Schwabstraße

44 BERG-RADELN

Hasenbergsteige

Otto Hajek hat die Stadt Stuttgart bunter gemacht: Er ist der Schöpfer der Farbigkeit des Mineralbads Leuze, und er schuf an der grauen Betonfassade des Südwestdeutschen Rundfunks das Werk „Farbe flügelt in den Raum" im Stuttgarter Osten. Mehrmals umgestellt und heute am Fußgängerüberweg an der Theodor-Heuss-Straße 2 beheimatet, befindet sich das sechs Meter hohe Stadtzeichen. Selbst die knallige Gestaltung des Naturwissenschaftlichen Zentrums der Physik der Universität Stuttgart geht auf Hajek zurück, der in der Landeshauptstadt Kunst studiert hatte und 2005 ebendort verstarb. An der Hasenbergstraße liegen das ehemalige, in Privatbesitz befindliche kunterbunte Wohnhaus des Künstlers und ein öffentlicher Skulpturenpark.

Einst führte der Weg über den Hasenberg nach Calw, unter ihm hindurch der Schwabtunnel, der erste innerstädtische Straßentunnel, der 1896 eröffnet wurde. Zu ihm kann man von der Hasenbergsteige auf Treppen hinabsteigen. Es war der erste Tunnel, der von Automobilen durchfahren wurde: eine Sensation. An der Hasenbergsteige befindet sich außerdem das Seewasserwerk, das 1874, als Stuttgart während der Industrialisierung rasant wuchs, errichtet wurde. In ihm wurde Wasser aus den Seen im Glemswald filtriert, um den Stuttgarter Westen zu beliefern. Heute wird dort immer noch Wasser gespeichert – es werden die Innenstadt und der Westen damit versorgt.

Ganz oben am Hasenberg liegt das Denkmal für Wilhelm Hauff sowie die Ruine des Hasenbergturms. Es handelt sich nicht etwa um eine mittelalterliche Burg, sondern um einen ehemaligen Aussichtsturm, von dem aus man weit sehen konnte, der aber auch von Weitem sichtbar war. Das war dann leider auch der Grund, ihn im Zweiten Weltkrieg zu zerstören, um nämlich feindlichen Fliegern die Orientierung zu erschweren.

Den Hasenberg zur Bürgerallee hinaufzuradeln, gilt bei Stuttgarter Radlern als ein beliebter Fitnesstest.

LAGE: Skulpturenpark Otto Hajek, Hasenbergsteige 65, 70197 Stuttgart

ÖFFNUNGSZEITEN: durchgängig zugänglich

HALTESTELLE: Feuersee

45 DIE MAUS GUCKEN

Kulturverein Merlin

In Stuttgart gibt es insgesamt fünf soziokulturelle Zentren, deren Kerngedanke es ist, Kultur von allen für alle zu schaffen. Sie sind demokratisch in ihren Entscheidungsprozessen. Jeder kann sich engagieren und ihr Ziel ist es, das Miteinander zu fördern und den verschiedensten kulturellen Gruppen und Initiativen einen Ort zum Mitmachen, zur Bildung und zum gemeinsamen Kulturgenuss zu bieten. Dem Kerngedanken haben sich in Stuttgart das Laboratorium, das Kulturkabinett KKT, die Rosenau und das Kulturzentrum für Frauen SARAH e.V. & Café verschrieben sowie das Merlin, das neben der auch als Szenekneipe beliebten Rosenau die meisten Gäste anlockt – und zwar wirklich über alle Bevölkerungsgruppen hinweg.

Beim Sommerfestival Klinke, bei dem im August vier Wochen lang kostenlos getanzt, gegroovt, gehottet, gelacht oder sentimentalen Klängen gelauscht werden kann, geht ein Hut herum, und wem die Musik gefällt, der legt etwas hinein.

Dienstags ist ab 18.00 Uhr Brettspielabend. Am zweiten Dienstag im Monat um 19.30 Uhr gibt es jeweils einen Vortrag eines Alpenvereinsmitglieds über eine Wanderroute. Regelmäßig kann man bei Vorträgen etwas über Liebe und Intimität im Alltag hören, und jeden Donnerstag von 18.00 bis 20.30 Uhr Aktzeichnen lernen.

Die älteste Stuttgarter Lesebühne, „Get Shorties", ist ebenfalls im Merlin beheimatet. Seit 2001 präsentieren Autorinnen und Autoren um Ingo Klopfer bühnentaugliche Kurzgeschichten. Kultig ist das Public Viewing der „Sendung mit der Maus", das am letzten Sonntag jeden Monats stattfindet und von einer Bilderbuchtauschbörse begleitet wird. Da sitzen dann nicht nur Kinder gebannt vor der Leinwand und schauen sich die Lach- und Sachgeschichten an.

Filme anderer Art, teils ebenfalls bildend, teils auch trashig, bekommt man beim internationalen low & no budget-Kurzfilmfestival zu sehen. Die gezeigten Werke sind alle subkulturell und unkommerziell.

LAGE: Kulturverein Merlin e. V., Augustenstraße 72, 70178 Stuttgart

VERANSTALTUNGEN: www.merlinstuttgart.de

HALTESTELLE: Feuersee oder Schwabstraße

LAGE: Schwarzwildpark im Glemswald

ÖFFNUNGSZEITEN:
frei zugänglich, ganzjährig begehbar

HALTESTELLE: Forsthaus Parkplatz

46 FRISCHLINGE FÜTTERN

Rot- und Schwarzwildpark

Herzog Carl Eugen, der sich diverse Schlösser bauen ließ, unter anderen das Schloss Solitude, gab gerne Jagdgesellschaften und ließ für seine pompösen Jagdfeste mehrere Tausend Stück Wild zusammentreiben. Das Recht zu jagen war dem Adel vorbehalten, und kein Förster kümmerte sich darum, ob die Fläche auch für die Population ausreichte. Das führte dazu, dass Bäumchen, sobald sie irgendwo um die Solitude wuchsen, auch schon verbissen wurden. Die heute wild verformten, faszinierenden Bäume, etwa die Adler- und Pfaffeneiche oder die 16-stämmige Buche, entstanden durch Verbiss.

Der jagdfreudige König Friedrich ließ 1815 den Rotwildpark umzäunen, 568 Stück Rot- sowie 138 Stück Damwild hielt sich Friedrich. Das aus Kleinasien stammende Damwild war damals ausgesprochen schick.

An den drei Eingängen wurde Eintritt verlangt. Man konnte eine Jahreskarte erwerben, die jedoch für die meisten Stuttgarter sicher zu teuer war, um sie für Waldspaziergänge auszugeben. Erst 1918 mit der Revolution wurde auch der Wald demokratisch. Seitdem darf im Glemswald spazieren, wer mag.

Zu sehen sind mit etwas Glück die Rehe und Hirsche in der Umzäunung. Sie liegen oft in der Nähe des Pavillons zum Wiederkäuen. Die Wildschweine halten sich heute bevorzugt am Saufangpavillon auf, der direkt am Saufangweg liegt – obwohl sie nicht ahnen, wozu er einst diente: Der Saufang erleichterte den adeligen Jagdgesellschaften die Jagd!

Ein Saufang ist eine Tierfalle mit Falltür. Die Tiere wurden in die Falle gelockt, durch Mais oder anderes Getreide „kirre gemacht", eingesperrt und anschließend von einem daneben platzierten Hochsitz aus erlegt. Die Jagd war ein gesellschaftliches Ereignis für den Adel, dem eigentlichen Jagderfolg musste nachgeholfen werden.

Die Wildschweine im Schwarzwildpark im Glemswald haben nichts dagegen, wenn man ihnen einige Kastanien von seinem Spaziergang an der Solitude mitbringt. Scheu sind sie nicht, selbst wenn sie Frischlinge haben. Auch die putzigen, gestreiften Ferkel sind neugierig und kommen nahe an den Zaun. Erst wenn die Streifen gänzlich verblasst sind, werden die gutmütig blickenden Wildschweine auch optisch zu borstigem Schwarzwild.

ÄUSSERE
STADTBEZIRKE

47

SCHWÄBISCH SCHWÄTZEN

Die Gelbstirnamazonen

Bad Cannstatt ist einer der Stadtteile mit dem höchsten Migrantenanteil. Das trifft aber nicht nur auf die Menschen zu, sondern tatsächlich auch auf die Vögel, denn in Bad Cannstatt leben um die 50 Gelbstirnamazonen. Es handelt sich um die einzige außerhalb Amerikas lebende Population der etwa 500 Gramm schweren, also ziemlich beachtlichen Vögel. Es mag sein, dass man die Papageien mit ihrem grünen Federkleid übersieht, zu überhören sind sie aber auf keinen Fall. Sie sind morgens und abends aktiv, halten in der Mittagszeit etwa vier Stunden Ruhe.

1986 zog zum ersten Mal ein frei lebendes Amazonenpaar in der Wilhelma seine Jungen auf. Es handelte sich aber nicht um dort ausgebrochene Tiere. Wahrscheinlich war eines davon entflogen, das andere zur Gesellschaft des ersten später freigelassen worden.

Die Brut gelang, die Zahl der Tiere wuchs. Genug zu fressen finden sie allemal: Knospen, junge Triebe, Nüsse, Bucheckern und Ahornsamen, im Winter die Früchte der Eiben und Haselnüsse. Die Papageien ernähren sich vegetarisch, sind aber nicht besonders wählerisch. Als Brutbäume schätzen die Höhlenbrüter ältere Platanen, die in Bad Cannstatt als Parkbäume und Alleebäume gepflanzt wurden. Besonders gut ist die Chance, die Tiere zu beobachten, im Bereich zwischen Kurpark, Bahnhof und Wilhelma. Morgens sieht man meist größere Gruppen, im Laufe des Tages einzelne Paare. Allein fliegen die Männchen nur zur Brutzeit durch die Stadt.

Die Zahl der Amazonen schwankt von Jahr zu Jahr. Die recht hohe Sterblichkeit ist nicht so sehr auf das Klima zurückzuführen, sondern vielmehr auf Verkehrsunfälle und Auffliegunfälle an Fensterscheiben. Außerdem ist es keinesfalls so, dass die Amazonen bei uns keine natürlichen Feinde hätten. Sie werden von Greifvögeln wie Habichten und Sperbern angegriffen – und auch die Fällung alter Brutbäume macht ihnen zu schaffen.

Sind die Tiere heimisch geworden? Ja! Sie haben als sogenannte Inselpopulation, also als separierte Gruppe, sogar schon einen eigenen Dialekt entwickelt, der sich von amerikanischen und im Zimmer gehaltenen Amazonen deutlich unterscheidet: Papageienschwäbisch also.

ANLAUFSTELLE UND INFOS:
Tomoko Arai,
papageien@stuttgarter-amazonen.de

48 SICH NAMEN MERKEN

Mercedes-Benz Arena

Stuttgarter gehen immer noch ins Neckarstadion – so hieß die Adolf-Hitler-Kampfbahn seit 1949, nachdem die amerikanischen Besatzungsbehörden sie zuerst in Century-Stadion umbenannt hatten, und sie dann den Namen Kampfbahn ohne Personennamen bekam. So blieb Zeit, sich daran zu gewöhnen. Als das Stadion 1992 in Gottlieb-Daimler-Stadion umbenannt wurde, gab es 16 Jahre Gelegenheit, den Namen zu lernen, dann wurde aus dem Stadion eine Mercedes-Benz Arena – mal sehen, wie lange sich dieser Name hält.

Inzwischen ist Fußball die einzige Sportart, die in der Arena betrieben wird – Konzerte, geht die Musik auch noch so sehr ins Bein, ausgenommen. Seitdem darf der VfB sich was die Gestaltung der Gänge und Kabinen angeht, frei austoben. Alles ist weiß und rot. In der Mannschaftskabine hängen die Trikots bereit, und es sind Bilder an der Wand montiert. Bei einer Führung kann man sich ansehen, wo die Spieler nach dem Spiel warm baden, um ihre Muskeln zu entspannen und aus welchen Regenwasserbehältern sie sich mit Eiswasser bespritzen.

Der Gang zur Kabine der Gegner ist mit Wandgemälden gestaltet, die jene elf Spieler zeigen, die die Fans zu den elf besten aller Zeiten gewählt haben. Darunter sind solche, deren Namen einem auch als Nichtfußballfan bekannt vorkommen, wenn auch teilweise eher von Weltmeisterschaften als aus der Bundesliga: Guido Buchwald etwa, Krassimir Balakow, Karl Allgöwer und Sami Khedira.

Bei einer Stadionführung darf man, wie die Mannschaften, unter Musik ins Stadion einlaufen. Es wird erklärt, woher der Rollrasen kommt, den interessanterweise alle Vereine von derselben Plantage beziehen, wo die Ultras stehen und wo die Gästefans. Man darf auf beheizten Logensitzen Probe sitzen, nur dass aus den Lautsprechern keine Nachspielzeit angesagt wird, sondern die Geräusche von Greifvögeln erklingen, die die Tauben vom Verzehr der Nachsaat abhalten sollen.

LAGE: VfB Stuttgart 1893 AG, Carl Benz Center, Mercedesstraße 73 A, 70372 Stuttgart

TERMINE UND BUCHUNGSFORMULAR: www.mercedes-benz-arena-stuttgart.de/mba/mba/arena-touren/links/formular

HALTESTELLE: Neckartor / Stadion

STADTBEZIRK BAD CANNSTATT

GESUND TRINKEN

Heilwasserbrunnen

Viele Stuttgarter holen sich ihr Wasser für Tee, Kaffee und zum Kochen aus einem der Trinkbrunnen der Stadt, an denen immer jemand steht, der Flaschen abfüllt. Das Wasser ist kostenlos. Bis zu 44 Millionen Liter Quellwasser sprudeln in Stuttgart aus dem Boden. Die Stadt hat nach Budapest das zweitgrößte Mineralwasservorkommen Europas: 60 Tonnen gelöster Mineralsalze pro Tag werden aus der Erde gespült!

Ehe Zugezogene jedoch mit Kanistern und Flaschen losziehen, sollten sie besser einen Spaziergang von Brunnen zu Brunnen machen und sich überall ein Gläschen genehmigen. Der Geschmack des Wassers ist sehr unterschiedlich. Die meisten Brunnen schütten mineralisiertes Grundwasser aus, das geschmacksneutral ist und auch für Kaffee oder Tee verwendet werden kann.

Das Wasser am Lautenschlägerbrunnen und am Wilhelmsbrunnen schmeckt erfrischend, aber eher metallisch. Es ist besonders für Menschen mit Eisenmangel heilsam, Kaffee jedoch schmeckt damit, als würde man ihn aus einer Konservenbüchse trinken. Das Wasser des Brunnens vor dem Leuze dagegen enthält ebenso wie das des Veielbrunnens viel Natrium, Calcium, Chlorid,

Sulfat und Kohlensäure. Es schmeckt sauer, einen Hauch schwefelig, und prickelt angenehm durch die Kohlensäure. Diese hochmineralischen Heilwässer sind etwas für den gelegentlichen Verzehr. Trinkkuren mit Cannstatter Mineralwässern eignen sich bei Magenbluten, frischen entzündlichen Leber-, Gallenblasen- und Gallengangserkrankungen, Herzkrankheiten mit Neigung zu Ödemen. Der Gehalt an gelösten Feststoffen liegt bei den hochmineralischen Heilquellen Stuttgarts zwischen vier und sechs Gramm pro Liter, der Kohlensäuregehalt erreicht bis zwei Gramm pro Liter.

Auch wenn man glücklicherweise bisher von Ödemen verschont geblieben ist: In Stuttgart wäre es widersinnig, weit transportiertes Mineralwasser im Supermarkt zu kaufen und womöglich in Plastikflaschen in die Wohnung zu schleppen. Wasser nach Stuttgart zu fahren ist wie Eulen nach Athen zu tragen.

INFOS: Eine Broschüre zu Lage und Zusammensetzung der Wässer findet sich unter: www.stuttgart.de/baeder/mineralwasser.

ÖFFNUNGSZEITEN: Die 19 Brunnen sind durchgängig zugänglich.

~ 114 ~

50 TIERGERÄU-SCHE RATEN

Schloss Rosenstein

Das Schloss Rosenstein wurde von König Wilhelm I. von Württemberg in Auftrag gegeben und vom Hofarchitekten Giovanni Salucci entworfen. Wilhelm ließ das Schloss, das eigentlich ein Sommerhaus für die Familie hätte werden sollen, auch dann weiterbauen, als seine Frau Katharina 1819 plötzlich starb.

Schloss Rosenstein ist nach dem Vorbild antiker römischer Villen erbaut. Der außen rechteckige Bau mit den Dreiecksgiebeln, die im Osten den Sonnenaufgang, im Westen deren Untergang und an den Seiten den römischen Götterhimmel zum Thema haben, wirkt innen hell und offen. Er besteht aus fünf Flügeln, die zwei Innenhöfe einrahmen, die im nach dem Zweiten Weltkrieg vereinfacht wiedererrichteten Schloss die zentralen Ausstellungssäle sind. Den einen dominiert ein imposanter afrikanischer Elefant, um den herum und in dessen Nebenräumen das Thema Evolution anschaulich gemacht wird. Im anderen residiert mittig ein 13 Meter langer Seiwal. Der große Bartenwal hat einen ein wenig kleineren fossilen nahen Verwandten als Begleiter.

In Dioramen in den Gebäudeflügeln werden mit präparierten Tieren und einer erstaunlich lebensnahen Umgebung Lebensräume erfahrbar gemacht. Zwar kann man auch ein Stück Antarktis mit Pinguinen bestaunen und einen Blick in die Savanne werfen, besonders schön ist aber der Blick in die Schaukästen zu den heimischen Wäldern. Man sieht nicht nur die Tiere über der Erde, sondern als Besucherin und Besucher darf man auch unter die Wasseroberfläche blicken und sieht den Lebensraum der Forelle, den der Äsche und den des Rotauges.

Wie gut man die heimische Tierwelt kennt, kann man an einem Geräuschequiz testen: Auf Knopfdruck wird ein Tiergeräusch vorgespielt, nun muss man auf den Knopf bei der Fotografie drücken, auf dem die zum Geräusch passende Tierart abgebildet ist. Bei Nachtigall, Amsel und Lerche ist das noch vergleichsweise einfach, wie aber klingt ein Frosch? Nach drei Versuchen leuchtet die richtige Antwort auf.

LAGE: Staatliches Museum für Naturkunde Stuttgart (SMNS), Schloss Rosenstein, Rosenstein 1, 70191 Stuttgart

ÖFFNUNGSZEITEN: dienstags bis freitags 9.00–17.00 Uhr, am Wochenende und an Feiertagen 10.00–18.00 Uhr

HALTESTELLE: Mineralbäder

WILDE SA-CHEN KAUFEN

Regiomat am Wasen

Auf dem Dach des außen mit viel Holz verkleideten Regiomaten thront ein freundlich blickender Eber – und das an einem Ort, an dem man keinerlei Gemütlichkeit erwartet: direkt an der Sichtbeton-Brücke zwischen dem Wasengelände und der Hanns-Martin-Schleyer-Halle, über die sich vor und nach Schlagernächten, Turnwettbewerben, Reitturnieren, Peter-Maffay- und Roland-Kaiser-Konzerten Tausende Besucher schieben.

Der Regiomat sticht in seinem Schutzhüttenstil hervor. Es handelt sich um einen modernen Verkaufsautomaten, an dem man 24 Stunden am Tag und sieben Tage in der Woche regionale Produkte erwerben kann. Was da im Automaten liegt, ist kein Lebensmittelramsch, ganz im Gegenteil, alles ist wunderbar gekühlt und frisch. Der Automat hat rechts und links einen Schrank mit Glasscheibe, durch die man die angebotenen Produkte betrachten kann. In der Mitte ist der Geldeinwurf. Im Angebot sind Nudeln, Hägenmark, Rapsöl von der Alb, Quittenmus, Honig, eingelegte Rote Bete und Ensinger Schorle – leider in einer Plastikflasche.

Die Lebensmittel sind zum größten Teil Produkte der Firma Göbel. Mehr „Bio" geht nicht, denn die Tiere, die bei Göbel in der Wurst und im Gulasch landen, sind nie mit Kraftfutter oder engen Ställen in Berührung gekommen. Sie hatten keinen Schlachtstress, selbst Gatterwild wird nicht verarbeitet. Das Wildbret stammt aus heimischen Wäldern und wurde von ausgebildeten Jägern erlegt. Die Produkte sind kalorienarm, denn eine Wildsau setzt durch ihren Lebensstil nie so viel Fett an wie ein Mastschwein. Und so entsprechen die Produkte der Firma Göbel, egal ob Wildschweinleberwurst, Hirschsalami, Rehmaultaschen, Bolognesesoße, Pasteten oder Sülze den Anforderungen von Slowfood Deutschland. Die Slowfood-Bewegung fördert das Essen mit Genuss, Zutaten aus der Region, denen Zeit zum Wachsen und Reifen gegeben wurde, eine Zubereitung ohne Eile.

Wenn einem Sonntagvormittag einfällt, dass Onkel Fred zu Mittag kommt und man dennoch ein authentisches, schwäbisches Menü kochen möchte, ist der Regiomat die Rettung. Bei einem Essen aus dem Automaten denkt man an Fastfood. Von wegen!

LAGE: Talstraße / Ecke Mercedesstraße
ÖFFNUNGSZEITEN: rund um die Uhr
HALTESTELLE: Neckarpark / Stadion

52

SÄEN, TROM-MELN, TANZEN

Kulturinsel

Die Kulturinsel liegt nicht inmitten des Schwäbischen Meeres, sondern bildet eine Insel des Lebens zwischen Brachflächen und Baustellen bei Veielbrunnenviertel und Wasen. Robinsons und Robinetten haben auf dem Gelände des einstigen Güterbahnhofs ein gar nicht so einsames Refugium geschaffen, ein unkommerzielles Eiland des Miteinanders, in dem jeder, der mag, ein Gärtchen anlegen kann. Schon am Eingang weist ein Schild darauf hin, dass jeder, der kommt, kostenlos ernten darf. Der Garten ist rund um die Uhr offen für alle, die Ruhe vor den Wogen der Stadt suchen. Wohin das bepflanzte Holzklavier, die grünende Badewanne und der blühende Autoreifenschwan umziehen dürfen, wenn die Straßenbauarbeiten für ein neues Stadtviertel beginnen, ist unklar.

In den Innenräumen der Insel ist was los. Im „Café International" gibt es Getränke gegen Spende sowie Beratung für Asylbewerber durch Amnesty International. Es gibt Yogakurse, bei denen die Teilnehmenden selbst entscheiden, was sie bezahlen, Trommelworkshops und Breakdance. Eine Anmeldegebühr wird bewusst nicht verlangt und alle Einkommensschichten trainieren zusammen. Es gibt Kleidertauschbörsen,

die neue Stöffchen und Muster in den Kleiderschrank bringen, ohne dass man einen Cent ausgeben muss. Im Willkommensraum können Nachbarschaftstreffen und private Veranstaltungen stattfinden. Der Freundeskreis Neckarpark Bad Cannstatt bietet Deutschkurse an. Die Caritas organisiert hier Maßnahmen, bei denen Familien bei der außerschulischen Erziehung unterstützt werden. Im Innenhof gibt es Comedy und Kultur ab vom Mainstream.

Das klingt alles nach Freizeitvergnügen? Weit gefehlt! Wer möchte, kann auch eines der Coworking-Angebote nutzen und sich für einen Tag oder einen Monat einen Büroarbeitsplatz mit Kopierer, Internet und allem Drum und Dran mieten, um sich von der Kreativität des Ortes anstecken zu lassen und zu arbeiten.

LAGE: Kulturinsel Stuttgart gemeinnützige GmbH, Güterstraße 4, 70372 Stuttgart

ÖFFNUNGSZEITEN:
Yoga: donnerstags 18.00–19.30 Uhr; Kunstcafé: sonntags 14.00–18.00 Uhr; Trommeln: montags 19.00–21.00 Uhr

HALTESTELLE: Mercedes-Benz Welt oder Veielbrunnenweg

53

STERNE
SEHEN

Mercedes-Benz Museum

Es ist das elaborierteste und teuerste Parkhaus der Stadt, ein wahnwitziges Bauwerk aus Aluminium und Glas, und das meistbesuchte Museum Stuttgarts: Man hört hier alle erdenklichen Sprachen. Wenn Reisegruppen „Europatour in 14 Tagen" Stuttgart besuchen, dann kommen sie hierher, in das moderne, silbermetallische Museum des ältesten Automobilkonzerns der Welt. Die Höhe der Innenhalle, ein Atrium, lässt Besucher in eine Ehrfurchtsstarre wie beim Betreten einer Kathedrale verfallen. Das ist gewollt.

Ein Firmenmuseum zu unterhalten bedeutet, dass eine Marke sich als Kulturgut etablieren möchte – und in der Tat haben die Erfindungen von Carl Benz und Gottlieb Daimler die Kultur geprägt, das Reiseverhalten, die Arbeitswelt, den Alltag verändert. Die Ausstellung präsentiert Autos wie Kunstobjekte, teils hinter Glas, vor silbergrauen Wänden, perfekt ausgeleuchtet, durch weitere Exponate eingebettet in ihre Zeit. Die Sammlung macht deutlich, wie sehr die vergangenen Jahrzehnte durch individuellen Verkehr, Warentransport auf Lkws und Busse geprägt worden sind. Da wird eine Markenbotschaft vermittelt: „Wir sind die Pioniere. Wir haben das Original." Und die Architektur versucht, die Exklusivität zu unterstreichen: Der Rundgang im

Museum entspricht einer Doppelhelix. Die Besucherinnen und Besucher werden mit an Raketen erinnernden, ovalen Aufzügen nach oben gebracht und bewegen sich dann in Kurven nach unten. Ein möglicher Weg heißt „Mythen", er zeigt die Geschichte der Marke, von den ersten Motorkutschen bis in die Gegenwart. Enger parken die Exponate im zweiten Weg durch das Museum namens „Collection". Hier stehen die Fahrzeuge nicht chronologisch, sondern thematisch sortiert: Rennwagen zu Rennwagen und Bus zu Bus.

Wer seinen Oldtimer auf dem Hügel vor dem Museum parken möchte, darf das kostenlos – quasi als Teil der Ausstellung. Aber auch für über 20 Jahre alte Youngtimer im gepflegten Zustand ist das Parken frei. Jeden Sonntag schlürfen die Autobesitzer bei „Cars and Coffee" Kaffee und plaudern über die Wehwehchen ihrer Schätzchen.

LAGE: Mercedes-Benz Museum, Mercedesstraße 100, 70372 Stuttgart

ÖFFNUNGSZEITEN: dienstags bis sonntags 9.00–18.00 Uhr, Kassenschluss 17.00 Uhr

HALTESTELLE: Neckarpark (Mercedes-Benz)

54 LINDWÜRMER BESTAUNEN

Museum am Löwentor

Das Museum am Löwentor besitzt über vier Millionen Fossilien, darunter mehrere Hundert komplett erhaltene Fischsaurier. Es ist nicht nur Ausstellungsort, sondern auch eine Forschungseinrichtung.

Ein Thema, das die Wissenschaftler bearbeiten, ist die Frage, wie sich Lebensräume verändert haben und weiterhin verändern. Der Wandel von Ökosystemen durch Eingriffe des Menschen in die Lebensräume und das Klima sind ein hochaktuelles Problem, aber ein Blick in die Erdgeschichte kann helfen, es zu verstehen.

Baden-Württemberg bietet eine Reihe international bekannter und wissenschaftlich relevanter Fossillagerstätten, die vom Museumsteam wissenschaftlich bearbeitet werden. Die Lagerstätten decken etwa 250 Millionen Jahre ab und reichen vom Buntsandstein, Muschelkalk und Keuper über den Posidonienschiefer und Weißen Jura bis hin zum Miozän und Fundstellen des Quartärs.

Im Museum am Löwentor wird schwerpunktmäßig die ausgestorbene Lebenswelt Baden-Württembergs vorgestellt. Dazu gehören auch Dinosaurier der Triaszeit sowie Fischsaurier und Flugsaurier aus der Jurazeit, darunter das Fossil eines Babysauriers, der (vermutlich) versucht hat, aus dem Bauch des Elterntiers zu kommen, als das schon verstorben war.

Schon auf dem Vorplatz kann man einige Dinos kennenlernen, etwa den Plasteosaurus, den man auch „Schwäbischen Lindwurm" nennt, weil er so oft im Südwesten gefunden wurde. Er lief auf zwei Beinen. Sein kleiner Schädel sitzt auf einem langen, biegsamen Hals, der Körper ist gedrungen und geht in einen langen, ebenfalls biegsamen Schwanz über. An einem Seerosenteich zwischen Museum und Spielplatz steht die Nachbildung eines Hauerelefanten. Wozu benutzte er wohl die großen Stoßzähne? Vermutlich konnte er damit Zweige und Äste zu sich herziehen, sie vielleicht sogar schälen und dann mit dem Rüssel abbrechen und verspeisen.

LAGE: Staatliches Museum für Naturkunde – Museum am Löwentor, Rosenstein 1, 70191 Stuttgart

ÖFFNUNGSZEITEN: dienstags bis freitags 9.00–17.00 Uhr, am Wochenende und an Feiertagen 10.00–18.00 Uhr

HALTESTELLE: Löwentor oder Nordbahnhof

55

OLDTIMER FAHREN

Linie 23

Der erste Stuttgarter Pferdebahnwagen von 1868 steht dauerhaft im Museum zwischen Wasen und Cannstatter Bahnhof in einem etwa 100 Jahre alten Depotgebäude. Die jüngeren Straßenbahnen gehen im Wechsel sonntags auf Tour, besonders oft der Stuttgarter Klassiker, der GT4, gebaut in Esslingen, von dem insgesamt 350 Exemplare in Stuttgart unterwegs waren.

Ehrenamtliche Schaffner in Uniform kreuzen auf den reproduzierten Fahrkarten mit dem Netzplan der 1950er-Jahre die Einstiegshaltestelle an und machen an der geplanten Ausstiegsstelle einen Haken. Sie stehen auch für Fragen zur Verfügung. Beginnt die Fahrt, geht es mit der mit zwei Fähnchen geschmückten Bahn von Bad Cannstatt über die Pragstraße zur Nordbahnhofstraße, unter dem Hauptbahnhof hindurch zu Stuttgarts ältester „Unterpflasterstraßenbahnhaltestelle", wie man diese 1966 nannte. Damals plante man ein ambitioniertes U-Bahn-Netz. Doch: Der Charlottenplatz blieb eine der wenigen Stellen, an denen die Stuttgarter U-Bahn tatsächlich eine U-Bahn geworden ist.

Die Fahrt geht weiter über den Eugensplatz und über die bis zu 8,5 Prozent steile Panoramastrecke zwischen Peyerstraße und Geroksruhe mit wunderbarer Sicht über die Stadt zur Haltestelle Ruhbank, die 400 Meter vom Fernsehturm entfernt im Wald liegt und Stuttgarts höchstgelegene Stadtbahnhaltestelle ist – dabei benötigt die Straßenbahn die alte Meterspur.

2007 gingen in Stuttgart die GT4 bis auf die Museumsfahrten alle in den Ruhestand. Bis dahin verkehrten sie noch als Linie 15 nach Sillenbuch. Sie wurden erst abgelöst, als Stadtbahnen entwickelt wurden, die auch auf Normalspur mit den 8,5 Prozent Steigung der steilsten normalspurigen Schienenstrecke Europas klarkommen. In Halberstadt sind die GT4 weiter im Einsatz, und einige drehen ihre Runden sogar in Japan und Rumänien.

LAGE: Stuttgarter Historische Straßenbahnen e.V., Veielbrunnenweg 3, 70372 Stuttgart

ABFAHRT: am Straßenbahnmuseum sonntags um 10.32, 13.02 und 15.02 Uhr

HALTESTELLE: Bad Cannstatt

ABFAHRT: ab Oldtimerhaltestelle Ruhbank sonntags 11.32, 14.02 und 16.02 Uhr

HALTESTELLE: Ruhbank

FAHRPLANÄNDERUNGEN: www.shb-ev.net

56 UMFLATTERT WERDEN

Wilhelma

Eingeweiht wurde die im maurischen Stil errichtete Wilhelma im Jahre 1846, als der Kronprinz Karl die Zarentochter Olga Nikolajewna ehelichte. Mit einem solchen Bau im Stil der Alhambra konnte man schon damals herrlich Staat machen.

Einst gab es dort noch keine Tiere, und nur Gäste König Wilhelms I. durften den an Tausendundeine Nacht erinnernden Park betreten. 1880 änderte sich das, und seitdem kann man sich eine Berechtigungskarte kaufen, um in die Wilhelma zu gehen. Eine absolute Besonderheit ist der als Flüstergalerie gebaute Wandelgang. Wenn man auf einer der Bänke bei den Durchgängen sitzt und gegen die Wand spricht, wird man in 30 bis 40 Meter Entfernung ohne Probleme verstanden!

Die meisten Menschen kommen aber nicht zum Flüstern in die Wilhelma, sondern wegen der Pflanzen und Tiere. Von den meisten ist man durch Wassergräben oder Gitter getrennt, nicht aber im Schmetterlingshaus, in dem sich farbenprächtige Falter auf den Blüten direkt vor den Besuchern niederlassen. Es sind nicht die einzigen Insekten der Wilhelma. Man kann sich im Insektarium vor behaarten Vogelspinnen gruseln oder Blattschneiderameisen bei

der Arbeit zusehen. Sogar Mehlmotten gibt es – und man kann sich freuen, dass man sie im Zoo statt im Küchenschrank vorfindet.

Publikumslieblinge sind die äußerst lebensfrohen Bonobos, die ziemlich nah mit uns verwandt sind, die Kattas mit ihrem aparten Ringelschwanz, die Zitteraale, deren elektrische Entladungen im Aquarium hör- und sichtbar gemacht werden, und natürlich Giraffen, Löwen, Elefanten, Krokodile, Totenkopfäffchen und verspielte Keas, Eisbären, Mantelpaviane und Mähnenschafe, seltene Przewalskipferde, die Erdmännchen, Tapire und Meerkatzen.

Und dann ist da die donnerstägliche Fütterung der Kaimane, das tägliche Elefantenbaden, die Fütterung der Piranhas und der Greifvögel an jedem Wochenende. Kurzum: Es ist immer etwas los!

LAGE: Wilhelma, Zoologisch-Botanischer Garten Stuttgart, Wilhelma 13, 70376 Stuttgart

ÖFFNUNGSZEITEN UNTER: www.wilhelma.de/nc/de/besuch/oeffnungszeiten.html

HALTESTELLE: Wilhelma

57

WÖRTER SUCHEN

Sprach- und Kulturbar Samay

Laufkundschaft verirrt sich nicht in das im Innenhof einer Hotelpassage gelegene Lokal – und es sind auch sicher nicht die unspektakulären Ikeastühle, die die Gäste ins Samay locken. Viel wahrscheinlicher ist es, dass Expats (aber nicht nur) und andere Zugezogene ins Samay kommen, um Freundschaften zu schließen. Samay ist ein Wort des Quechua, es bedeutet in der indigenen Sprache Boliviens so viel wie Ausatmen oder Verschnaufpause.

Im Samay finden Sprachstammtische auf Japanisch, Französisch und Spanisch statt, aber auch sogenannte „Blablas". Hier ist willkommen, wer entweder Lust hat, eine Fremdsprache, die er lernt, anzuwenden, oder aber Menschen zu finden, die Lust haben, bei einem Cocktail oder Schönbucher Bier zu sehr fairen Preisen ihr Deutsch zu verbessern und Einheimische kennenzulernen.

Auf einem Globus aus Halbedelsteinen kann man anderen seine Herkunftsregion zeigen. Es stehen Reiseführer und Literatur in diversen Sprachen bereit, oder man kommt über Brettspiele in Kontakt. Hauptsache reden oder tanzen, denn auch dabei lernt man sich kennen! An den mit Tafellack angestrichenen Wänden steht in verschiedens-

ten Sprachen ein Willkommensgruß. Man kann den eigenen dazufügen. „Schee, dass au do bisch!"

Im Samay finden regelmäßig Karaokeabende statt, bei denen jeder in seiner Muttersprache singen kann. Das Kulturprogramm und die Livemusik sind so bunt wie die Gästeschar. Die Bar hat ein bisschen den Charme eines Backpackertreffs, was aber täuscht. Viele Gäste kommen zwar von auswärts, aber sie leben im Umkreis von 30 Kilometern um das Samay, arbeiten in Ludwigsburg, Waiblingen, Stuttgart oder Sindelfingen.

Das Samay zeigt, dass ein Lokal nicht herausgeputzt sein muss. Wenn die Idee gut ist und das Konzept stimmt, die Inhaber zugewandt sind und das Publikum tolerant, wird auch aus einem etwas abseitigen Raum mit einfachem Ambiente eine wunderbare Location!

LAGE: Samay, Daimlerstraße 63a, Daimlerpassage, 70372 Stuttgart

ÖFFNUNGSZEITEN: mittwochs und donnerstags 18.00–00.00 Uhr, freitags und samstags 18.00–2.00 Uhr, sonntags bis dienstags geschlossen

HALTESTELLE: Bad Cannstatt Bahnhof

58 SPRÜNGE MACHEN

Trampolinhalle Sprungbude

In der Sprungbude am Rande des Wohngebietes Muckensturm in einem kleinen Industriegebiet gibt es viel auszuprobieren und zu entdecken – auch über sich selbst. Dort kann sich zum Beispiel ein eher kleinerer Mensch wie ein Dirk Nowitzki fühlen, denn dank der Trampolinunterstützung versenkt der Besucher gekonnt den Basketball im Korb. Beim Dodgeball versucht man sich gegenseitig mit Bällen abzuwerfen. Da gibt es dann die Möglichkeit, sich beim Ausweichen in hinter dem Rücken befindliche Trampoline fallen zu lassen.

Ein riesiges Kissen, auf dem man weicher landet als auf Wasser, lädt mit dem gelb auf schwarz geschriebenen Slogan „Spring über deinen Schatten" dazu ein, von einer Art Sprungbrett hinabzuspringen. Einen Kopfsprung sollte man dennoch vermeiden.

Der Circle-Jump funktioniert im Prinzip wie früher das Seilhüpfen in der Gruppe: In der Mitte der Anlage dreht sich ein motorisiertes Gerät mit einem gepolsterten Steg in Kniehöhe und einem in Brusthöhe. An einem Bedienpult steht ein Animateur, der die Geschwindigkeit regelt, neue Hüpfer auf die Matte lässt und anderen den Ausstieg ermöglicht. Man muss also abwechselnd einmal von seinem gelben Kissen hinaufspringen und sich dann schnell wieder ducken. Das fördert die Beweglichkeit und gibt rote Wangen!

Wem das Üben von Salti auf den freien Trampolinen zu gefährlich ist, der kann sich beim Bungee-Trampolin, das allerdings am Wochenende noch einmal extra berechnet wird, an Gummiseilen einhängen und bei seinen bis zu acht Meter hohen Sprüngen in Sicherheit wiegen, denn er wird sanft auf dem Boden aufkommen. Aber auch ohne Salti ist das Springen nicht zu unterschätzen: Kinder brauchen eine Einverständniserklärung der Eltern, und auch die dürfen nur Känguru spielen, wenn sie einem Haftungsausschluss zustimmen. An jeder Sprungstation gibt es Sicherheitshinweise und es stehen Aufsichtskräfte an den Stationen. Dennoch: Für kurze Zeit vom Boden abzuheben ist einfach herrlich!

LAGE: Sprungbuden GmbH, Ziegelbrenner Straße 17, 70374 Stuttgart

ÖFFNUNGSZEITEN UNTER: www.sprungbude.de/zeiten-und-preise

HALTESTELLE: Auf der Gans, oder von der Haltestelle Hauptfriedhof aus durch den Friedhof zu erreichen

59 ABFÄLLE VERFOLGEN

Führung im Müllheizkraftwerk Münster

Was für ein Müll! 42.000 Tonnen Rest- und Sperrmüll werden in Münster pro Jahr in Fernwärme und Strom weiterverwertet. Nicht nur die Stuttgarter Kommunalorangen liefern hier an. Aus dem Enzkreis, dem Rems-Murr-Kreis, den Kreisen Esslingen, Zollernalb und Bodensee kommen 40-Tonner und kippen ab, was die Bevölkerung wegschmeißt, denn das Kraftwerk hat keinen Bahnanschluss mehr.

Nach einer Einführung, bei der der Führer, unterstützt durch Statistiken und schematische Darstellungen, die Aufgaben und die Funktion des Kraftwerkes erklärt, ist man mit Helm, Schutzbrille und Ohrschützern ausgestattet in einer bis zu 25 Personen großen Gruppe auf dem Gelände unterwegs.

Die bei der Führung vermittelten Sinneseindrücke sind faszinierend. Man sieht in den an einen Science-Fiction-Film erinnernden Steuerungsraum, genießt den Blick in die durch Unterdruck von außen mit der Nase nicht wahrnehmbare Müllhalle, aus der ein riesiger Greifer voller Müll das infernalische Feuer füttert, in das man durch eine Klappe spähen darf. Die Gruppe testet die Waage für die Müllfahrzeuge und bekommt die Bucht gezeigt, in der immer wieder Fahrzeuge bei Verdacht auf illegalen Müll ihre Fracht zur Untersuchung abkippen müssen.

Die kostenlose Führung nutzt die EnBW natürlich zum Marketing, aber auch, um dafür zu sensibilisieren, was nicht in die Restmülltonne gehört und sich dennoch oft in ihr befindet – und das ist erschreckend.

Gegen Ende der Führung kann man in der rieselnden Schlacke, die zum Straßenbau und zur Verfüllung von Salzbergwerken dient, sogar Reste von Batterien sehen, deren Quecksilber von den Rauchgasreinigungsanlagen mühsam herausgewaschen werden musste und zu Sondermüll geworden ist, statt wiederverwertet zu werden.

LAGE: EnBW Restmüllheizkraftwerk Stuttgart-Münster, Voltastraße 45, 70376 Stuttgart

FÜHRUNGEN:
https://besichtigungen.enbw.com
montags bis freitags nach Verfügbarkeit

HALTESTELLE: Mühlsteg

Einzelgäste werden Gruppen zugeordnet; ab 14 Jahre; feste Sohlen, keine Sandalen, Trittsicherheit muss garantiert sein.

60 BETREUT SKATEN

Stuttpark

Stuttgart, die Mutterstadt des Hip-Hops, ist natürlich auch von Beginn an eine Skatehochburg gewesen. Im Sommer kann man an verschiedenen Spots der Stadt Menschen auf Ahornbrettern mit vier Rollen ihre Tricks trainieren sehen.

Eine legendäre Skateboardlocation war bis 2001 die wegen des Benzingestanks „Gaskammer" genannte Tunnelröhre unter dem kleinen Schlossplatz, nur mit einem Gitter vom Autotunnel getrennt, bestückt mit Sofas vom Sperrmüll und von der Stadt mit 5.000 Euro gesponsert. Die Stadt baute als Ersatz nach dem Bau des Kunstmuseums am Pragfriedhof eine lungenfreundlichere Anlage, doch die Skater bekamen Ärger mit den sich vom Lärm belästigt fühlenden Nachbarn. Die Anlage wurde daher kunstvoll und architekturpreisgewinnend überdacht. Die „Plaza" kann kostenfrei genutzt werden, hat eine 450 Quadratmeter große bowl area, steht den ganzen Tag offen, wird leider aber auch immer wieder von Benutzern aufgesucht, die einen uneinsehbaren Rückzugsort suchen, Müll und Schäden hinterlassen.

Die neueste Skateboardhalle und sicher die gepflegteste ist der Stuttpark, benannt nach einem Film des Adidas-Skate-Filmers Torsten Frank. Sie bietet Stairs, Banks, eine Funbox, Rails, ein Manual Pad, Ledges, eine Pyramide, ein Quarter und Möglichkeiten zum Wallride. Sie darf zeitweise von BMX-Fahrern genutzt werden.

Die zwei Angestellten der von der Stuttgarter Jugendhausgesellschaft betriebenen Halle bieten Skatekurse an. Sie lassen aber auch gerne ältere Skater ein: Regelmäßig trifft sich eine „Altherrengruppe". Man kann in der hellen Halle von der Empore aus die Tricks bestaunen, etwas trinken und sich erklären lassen, welche Elemente vom nicht mehr zugänglichen Skatetreffpunkt am Hauptbahnhof stammen.

Die Skatehalle ist außen – logisch – mit Graffiti besprüht, und das Pferdle und das Äffle halten ein Stuttparkschild in die Höhe.

LAGE: Stuttpark, Kegelenstraße 19, 70372 Stuttgart

ÖFFNUNGSZEITEN: montags bis sonntags verschiedene Öffnungszeiten, manchmal Kurse oder nur BMX, siehe www.stuttpark.net

HALTESTELLE: Bad Cannstatt Bahnhof

PERLEN SEHEN

Sektkellerei Rilling

Wenn man den Unterschied zwischen Stuttgart und dem wenige Kilometer neckaraufwärts gelegenen Esslingen anhand einer Tatsache beschreiben möchte, genügt es zu sagen, dass in Esslingen der erste Sekt Deutschlands gekeltert wurde, wohingegen man in Stuttgart, bei Rilling, das Verfahren zur industriellen Sektherstellung entwickelt hat. Bei Rilling werden keine Flaschen geschüttelt. An etwa 50.000 Liter fassenden Tanks mit vorvergorenem Wein sind Rührwerke angebracht, die elektrisch den Inhalt bewegen.

Keller zu graben war in Bad Cannstatt schwierig. Das Grundwasser ist hoch, so kann man unter der Sektkellerei das Wasser rauschen hören. Also musste statt pittoresker Steinkeller im Erdreich ein mit Stahltreppen erschlossener Hochkeller her. Allerdings verfügt Rilling dennoch über ein Kellerchen, bei dessen Ergrabung eine Römerstatue ohne Kopf gefunden wurde. Ein Abguss ziert die Fundstelle. Ansonsten ist Rilling ein modernes Unternehmen und zeigt das auch: Die Flaschen sind nicht im Retrodesign, sondern die verschiedenen Sektsorten aus Trauben von Vertragsweingütern erkennt man an den poppigen Etiketten und Kapseln in Pink, Orange und Violett, Rosa und Lila. Wer mag, kann sein Etikett für die Firma oder für den runden Geburtstag selbst gestalten und aufbringen lassen.

Auch wenn Rilling nicht das charmanteste Ambiente bietet, lohnt die Führung durch die Produktionsstraße, da sie von einem langjährigen Mitarbeiter durchgeführt wird, der mit Geduld auch technische Fragen präzise beantwortet und die Maschinen, ihre Kapazität und Funktion genau kennt – die Verkorkungsanlage, die Verdrahtungsmaschine, die Etikettierungsmaschine. Bei Rilling ist es nicht die Historie, sondern die Technik, die begeistert.

Bei der Verkostung gibt es zu Brezeln Sekt in drei Farben – Verpackungs- und Weinfarben: einen Trollinger, einen Rosé und einen Rieslingsekt. Zum Wohl denn! Auf den Begründer der Sektindustrie!

LAGE: Ludwig Rilling GmbH & Co. KG, Brückenstraße 8, 70376 Stuttgart

TERMINE: www.rillingsekt.de/kellereifuehrung-sektverkostung

HALTESTELLE: Rosensteinbrücke

Die Kellerei ist nicht barrierefrei.

62 INDIZIEN SICHTEN

Polizeimuseum am Pragsattel

Stuttgart ist im Großstadtvergleich national und international eine der sichersten Metropolen, was nicht nur, aber auch an den hohen Aufklärungsquoten der Polizei liegt. Sie hat ihre Zentrale im ehemaligen Robert-Bosch-Krankenhaus. Dort befindet sich auch das absolut sehenswerte Museum, das nur im Rahmen von Führungen besucht werden kann. Aber gerade die machen den Besuch zu einem Erlebnis. Eine ehemalige Polizistin des Kriminaldezernats begeistert zwei Stunden lang mit kenntnisreichen Erklärungen und schockierenden Geschichten.

Zum einen gibt es in Vitrinen Ausstellungsstücke zu den spektakulärsten Morden: die Koffer, in denen zwei zusammengefaltete Leichen in den Stuttgarter Anlagen gefunden worden waren, mitsamt dem Fahrradanhänger, auf denen der Mörder sie in den Park gebracht hat. Die Axt, mit dem Yvan Schneider, das Opfer des Zementmordes, zerstückelt wurde, sowie der Trennschleifer, mit dem sein Mörder Deniz E. und dessen Freundin Sessen den Torso wieder aus dem Mülleimer, in den sie ihn einbetoniert hatten, herausholten.

Neben Informationen zur Kriminalpolizei erfährt man viel über die Verkehrspolizisten, sieht den ältesten Blitzer von 1987.

Dieser war in einer Mülltonne versteckt, die allerdings nach einem Tag nach massiven Protesten wieder weggerollt wurde, da die Messung von Geschwindigkeitsüberschreitungen „dem Bürger nicht vermittelbar" sei. Der Zellenplan des RAF-Trakts von Stammheim ist ebenso ausgestellt wie erkennungsdienstliches Zubehör, alte Uniformen und Waffen und Gegenstände, die vor VFB-Spielen bei Fans sichergestellt wurden.

Augenscheinlich hat sich die Ausstattung der Polizei gewandelt: Ein Foto zeigt einen den Verkehr regelnden Polizisten, auf dessen Sockel Geschenke abgelegt sind, einen Polizisten in Galauniform ohne jeden Schutz, der eine Demo der 1968er-Jahre beaufsichtigt. Heute geht es nicht mehr ohne Helm und Weste.

LAGE: Polizeihistorischer Verein Stuttgart e. V., Polizeimuseum Stuttgart, Hahnemannstraße 1, 70191 Stuttgart

TERMINE FÜR EINZELBESUCHER: www.polizeimuseum-stuttgart.de/ polizeimuseum/museumsbesuch/ sammeltermine

HALTESTELLE: Pragsattel

Besucher/-innen müssen mindestens 16 Jahre alt sein und sich ausweisen.

63 HASEN MÜM-MELN SEHEN

Rosensteinpark

Das können doch nicht Feldhasen sein, das sind bestimmt mutierte und überfressene Kaninchen mit überlangen Ohren! Nein, Sie sehen recht. Es sind Feldhasen der Gattung Lepus europaeus, und sie geben sich wenig Mühe, sich zu tarnen, wie das ihren Artgenossen entsprechen würde. Sie mümmeln bei den Berger Sprudlern im Frühling manchmal mitten am Tag direkt neben den Stadtbahngleisen und hoppeln in der Abenddämmerung ungeniert über die Wiesen am Löwentor. Mit 70 km/h kann ein Hase schließlich immer noch den Radlern davonsprinten.

Das ansonsten selten gewordene Tier, das auf der roten Liste der bedrohten Tierarten steht, hat nirgendwo in Deutschland eine so hohe Populationsdichte wie im Rosensteinpark. Gejagt werden dürfen die Hasen freilich nicht. Die Zahl dieser Tiere nimmt jedoch stark ab, wenn Krankheiten auftreten. Die Hasenbevölkerung des Parks hat einen zu geringen Austausch an Erbgut mit dem Umland. Wie sollen auch Hasen von außerhalb zureisen, ohne spätestens auf der Pragstraße, die den Park nach Osten begrenzt, überfahren zu werden? Da kommt es zwangsläufig zu Inzucht.

Das Hasenhabitat ist aber auch dann sehr sehenswert, wenn gerade kein Bewohner zu sehen ist. Es handelt sich um einen weitläufigen englischen Landschaftsgarten, der von 1824 bis 1840 als Schlossgarten des Schlosses Rosenstein angelegt wurde. Er umfasst 100 Hektar und weist prächtige alte Bäume auf. In ihnen ist auch eine inzwischen über die Grenzen Stuttgarts bekannte Spezies daheim: der Juchtenkäfer. Außerdem leben im Park Eichhörnchen, Füchse, Fledermäuse, Igel, Haus- und Gartenrotschwanz, Goldhähnchen, Grauschnäpper, zahlreiche Meisen- und Finkenarten, Hohltauben, Halsbandschnäpper und Heidelibellen. Kaum irgendwo ist Stuttgart so lebendig, vielfältig und dennoch so entspannend! Laut kann es nur direkt an den Sprudlern werden, wenn dort Bands auftreten, weil das LAB-Festival oder das Sommerfest des Christopher Street Days stattfindet.

LAGE: Biologisches Forum Rosensteinpark, Rosenstein 1, 70191 Stuttgart

ÖFFNUNGSZEITEN: jederzeit zugänglich

HALTESTELLEN: Rosensteinpark, Löwentor, Mineralbäder

64 IN REHA GEHEN

Mineralbäder

Cannstatt war einmal ein mondänes Kurbad – oder wollte es zumindest werden. Schon die Römer badeten in Cannstatt und auch der stets nach Einkommensquellen suchende Herzog Carl Eugen dachte im 18. Jahrhundert, man könne aus den Mineralwasserquellen Geldsprudler machen.

So richtig in Schwung kam der Kurbetrieb aber erst unter Wilhelm I. Nach Plänen von Nikolaus von Thouret wurde durch den Brunnenverein Cannstatt und mit Unterstützung des Königs von 1825 bis 1841 der klassizistische große Kursaal errichtet. Das Angebot lockte Menschen mit gesundheitlichen Problemen an – und Gottlieb Daimler entschied, nicht nur im Urlaub ins Kurbad zu fahren, sondern gleich daneben zu wohnen. So kommt es, dass sich in einem Glashaus im idyllischen, ruhigen Kurpark die Geburtsstätte des Verbrennungsmotors befindet, dass vor dem Kursaal und dem königlichen Reiterstandbild von Daimlers Sohn Adolf das erste Motorrad der Welt, der sogenannte Reitwagen, Probe gefahren wurde – und die nicht erfolgreiche erste mit Benzin betriebene Straßenbahn der Welt zum Kursaal führte. Das erholsame Kurviertel ist sozusagen der Geburtsort der Automobilität!

Auch wenn Bad Cannstatt heute mehr von Motoren geprägt ist als vom Kurbetrieb, so gibt es dennoch drei besuchenswerte Kurbäder – von heilsamen Mineralwassern gespeist. Das Wasser ist wegen des starken Durchflusses chlorfrei. Im am Neckarufer gelegenen LEUZE Mineralbad gibt es mehrere warme Becken, die von Quellen verschiedenen Mineralgehalts gefüllt werden, der Mombachquelle, der Inselquelle und der Leuzequelle. Ein Erlebnis ist es, die Kohlensäureblasen im kalten Außenbecken auf der Haut zu spüren, die dafür sorgen, dass die Haut sich heiß anfühlt. Das Mineral-Bad Berg wird gerade saniert.

Das MineralBad Cannstatt hat ein im Schnitt etwas älteres Publikum. Dort kann man auch eine ganztägige oder mehrwöchige ambulante Rehamaßnahme besuchen. Geschlafen wird daheim. Eine Kurklinik hat Bad Cannstatt nicht.

LAGE: Zentrum für ambulante Rehabilitation GmbH, Sulzerrainstraße 2, 70372 Stuttgart

REHA-SPRECHSTUNDE: jeden Dienstag um 14.30 Uhr oder nach Absprache: Tel. 0711-553 496-0

HALTESTELLE: Kursaal

65

KREISE DREHEN

Frühlingsfest und Volksfest

Die Feste auf dem Wasen haben eine lange Tradition, ganz im Gegensatz zu den Trachten, die erst seit einigen Jahren dort getragen werden. Diese sind meist an die bayerischen Trachten angelehnt: Dirndl, Lederhosen – und haben mit der Geschichte des Cannstatter Volksfests nichts zu tun. Die meisten traditionellen Bekleidungsstücke in Württemberg waren aufgrund der evangelischen Konfession schwarz und deutlich länger als das, was man auf dem Wasen sieht.

Anlass für das Fest auf dem Wasen war auch nicht, wie in München, eine Königshochzeit, sondern eine Hungersnot. Wilhelm I. von Württemberg hatte es sich nach den verheerenden Folgen des Jahres ohne Sommer von 1816 zum Ziel gesetzt, die Landwirtschaft zu modernisieren, sie weniger anfällig für Missernten zu machen und die Erträge zu steigern, um besse Vorräte anlegen zu können. Zu diesem Zweck veranstaltete er ab 1818 ein Fest, das den Landwirten des Landes zwar auch Unterhaltung bieten, ihnen aber in erster Linie die neuesten Züchtungserfolge und Ackergeräte vorstellen sollte, die der „König unter den Landwirten und Landwirt unter den Königen" in Hohenheim erforschen und verbessern ließ.

Noch heute wird alle vier Jahre das landwirtschaftliche Hauptfest auf dem Wasen abgehalten. Es ist Süddeutschlands größte Fachausstellung für Land-, Forst- und Ernährungswirtschaft. Die mit Obst und Gemüse geschmückte Fruchtsäule ist immer noch das Wahrzeichen des Volksfests.

Sowohl zum Frühlingsfest als auch zum Volksfest sind auf dem Wasen Fahrgeschäfte und Buden aufgebaut, in den Zelten wird Bier ausgeschenkt. Es gibt einen Krämermarkt, auf dem man alles – vom Hosenträger bis zum Kochlöffel – kaufen kann. Fassanstich, Umzug, Schlager und Feuerwerk gehören untrennbar zum Wasen. Der Besucherandrang ist enorm: Etwa 1,5 Millionen Gäste besuchen pro Jahr das Frühlingsfest, und je nach Wetterlage circa vier Millionen das Volksfest im Herbst.

LAGE: Cannstatter Wasen Stuttgart, Mercedesstraße 50, 70372 Stuttgart

ÖFFNUNGSZEITEN: Zelte, Imbissstände sowie Fahrgeschäfte sonntags bis freitags 11.00–23.00 Uhr, samstags und vor Feiertagen bis 24.00 Uhr, allerdings endet in den Festzelten um 23.30 Uhr die Musik.

HALTESTELLE: Cannstatter Wasen

66

HOCHS UND TIEFS ERLEBEN

Wetterwarte Schnarrenberg

Im Winter ist es um 11.45 Uhr so weit, im Sommerhalbjahr um 12.45 Uhr: Das Dach des höchsten Gebäudes der Wetterwarte auf dem ansonsten mit Weinreben bedeckten, zwischen Rot, Burgholzhof und Münster gelegenen Schnarrenberg öffnet sich automatisch. Ein weißlicher, heliumgefüllter Ballon mit angehängtem Messgerät, der Radiosonde, steigt in den Himmel. Er ist nicht prall, denn in höheren Luftschichten wird er sich weiter ausdehnen. Mit seinen 300 m/min entschwindet der Ballon schnell dem Auge.

Der Ballon wird in etwa 35 Kilometer Höhe Daten sammeln, die er zur Erde sendet, dann wird er platzen. Das angebrachte Döschen fällt an einem Fallschirm herab – und wer es findet, sollte die enthaltenen Batterien bei einer Sammelstelle abgeben und das Sendeteil und die Messfühler in die gelbe Tonne werfen. Heute sind die Sonden Einwegartikel.

Warum gibt es in einer Zeit der Satelliten und des Radars noch die urtümlich wirkenden Ballone? Mit keinem anderen Messverfahren kann man bis heute so exakt den Zustand der einzelnen Luftschichten bestimmen. Aus den Daten entsteht ein genaues Bild von dem momentanen Zustand der jeweiligen Luftschichten. Direkt gemessen werden der Luftdruck, die Luftfeuchte und die Lufttemperatur, indirekt wird aus den GPS-Daten und der Route der Radiosonde der Höhenwind bestimmt.

Bei einer Führung lernt man auch die Messgeräte im Garten der Station kennen, und vor allen Dingen den Raum, in dem die Anrufe der Landwirte und Festivalmacher, der Radiosender und Privatleute eingehen. In diesem Raum sind auf Monitoren Satellitenbilder zu sehen, die Messdaten verschiedener Wetterdienste hängen an den Wänden und Bildschirme zeigen verschiedene Orte in Baden-Württemberg.

Die regionale Messnetzgruppe auf dem Schnarrenberg ist zuständig für 17 vollautomatische Wetterstationen, 14 Windmessstellen, 45 nebenamtliche Klimastationen, 50 automatische und 135 konventionelle Niederschlagsmessstellen. Zudem gibt es vier teilautomatisierte Radioaktivitätsmessstellen. Ganz schön viele Daten!

LAGE: Deutscher Wetterdienst, Am Schnarrenberg 17, 70376 Stuttgart
INFOS UNTER: www.dwd.de/DE
HALTESTELLE: Rilke-Realschule

67 FUSSABDRÜCKE MESSEN

Haus des Waldes

Das nicht weit vom Gazi-Stadion und der Eishalle entfernte und von Spielflächen und Rastplätzen umgebene Haus des Waldes ist bei kleinen Besuchern sehr beliebt. Sie „zerstreicheln" ausgestopfte Hasen, machen Ei bei kleinen Füchsen, spielen in einer Kiste mit Holzpellets und Bäumen. Die Ausstellung ist aber genauso auch für Jugendliche und Erwachsene konzipiert.

An einer Weltkugel, auf der die Tiere der Kontinente angeschraubt sind, können die Kleinen die Tiere den Kontinenten zuordnen, während die Großen etwas über das Alter verschiedener Waldgebiete dieser Erde erfahren. Ein Ratespiel für alle macht deutlich, wie viel Energie für die Herstellung und den Transport einzelner Lebensmittel aufgewandt werden muss. Ein Baumstamm, der mit schwarzen Bällen gefüllt ist, zeigt an, welche Menge Kohlenstoff in einem Baum steckt.

Die Kinder nutzen das Spielhaus, um Rollenspiele zu machen, gleichzeitig wird für die Jugendlichen und Erwachsenen der Haushalt als Energieverbraucher thematisiert – und während sich manche über den Traubenzucker freuen, den die Lernstation ausspuckt, können andere lernen, wie der Stoffwechsel eines Baumes funktioniert.

In der ganzen Ausstellung gibt es sehr viel Wissenswertes über den Wald, die Forstwirtschaft, heimische Hölzer und Tropenhölzer, die Frischluftschneisen der Stadt Stuttgart, das Myzel der Pilze, die Tiere des Waldes und die Waldberufe zu erfahren. Eine abgedunkelte Waldwunderkammer im ansonsten lichtdurchfluteten Gebäude zeigt teils exotische, teils verrückte aus Holz hergestellte Gegenstände, ein Meisennest in einer Verkehrsampel und Krötensex.

Im zweiten Stock des Hauses kann man Skateboard fahren – die Skateboards zeigen verschiedene, je einem Land zugeordnete Fußabdrücke, und am Computer kann man errechnen, wie groß der eigene ökologische Fußabdruck ist – und wie jeder einzelne ihn verkleinern kann. Eine Erkenntnis muss leider jeder mitnehmen: Wir leben alle auf zu großem Fuß!

LAGE: Haus des Waldes, Königssträßle 74, 70597 Stuttgart

ÖFFNUNGSZEITEN: dienstags bis freitags 9.00–17.00 Uhr, sonn- und feiertags während der Winterzeit 10.00–17.00 Uhr, während der Sommerzeit 10.00–18.00 Uhr

HALTESTELLE: Waldau

NATUR ERTASTEN

Walderlebnisweg Sinneswandel

Das An-sinnen der Macher des Sinneswandels war es, einen barrierefreien Wald für alle zu schaffen. Das bedeutet, er ist auch für Rollstuhlfahrerinnen und -fahrer geeignet. Es gibt keine Stufen, die Wegdecke ist nur leicht gekörnt und damit gut befahrbar. Die Infotafeln sind so angebracht, dass der Rollstuhl darunter passt. Menschen mit Rollator oder Gehhilfen finden im Abstand von 100 Metern Sitzgelegenheiten, auf denen man sich be-sinnen und neue Kraft schöpfen kann.

Der 1,4 Kilometer lange Weg mit fünf Erlebnisstationen berücksichtigt aber auch die Bedürfnisse von Menschen mit anderen Einschränkungen: Die Richtungsmarkierungen sind mit dem Langstock für blinde Menschen erkennbar und die Informationstafeln kann man sich mittels einer App vorlesen lassen. Auf Kreuzungen wird mit Wegbegrenzungen hingewiesen und es gibt zahlreiche Tastexponate. Menschen mit kognitiven Beeinträchtigungen finden die Informationen in Leichter Sprache und die vereinfachten Erklärungen gibt es auch in einer Hörversion. Piktogramme erleichtern Nichtlesern die Orientierung. Es stehen WCs mit Euro-Schließanlagen und einer Pflegeliege zur Verfügung.

Die Stationen versuchen, Wissen über den Wald sinn-lich und sinn-voll zu vermitteln. Den Nahrungskreiskauf des Waldes können Kinder auf Seilen erklettern. Die Verflechtungen und Abhängigkeiten werden so wunderbar deutlich.

Ein Baum ist so auf die Erde gelegt worden, dass man seine Wurzeln erfühlen kann – das ist enorm eindrücklich. Der Durchmesser des Wurzelwerks wird durch einen Sitzkreis sichtbar. Man kann die Jahresringe ertasten und dem Stamm bis zu seiner Krone folgen, um sich die Größe besser vorstellen zu können. Der Unterschied zwischen Laub- und Nadelbäumen wird durch Tastobjekte erfühlbar.

Der Sinneswandel ist kein Weg, der den Wald als heilig darstellt. Es wird auch die Forstwirtschaft, also die wirtschaftliche Verwendung des Holzes, vom Möbel bis zum Papier thematisiert, vom Hackschnitzel zum Heizen bis zum Balken für den Hausbau.

LAGE: Im Waldgebiet auf der Waldau, Königsträßle 74, 70597 Stuttgart

ÖFFNUNGSZEITEN: durchgängig zugänglich

HALTESTELLE: Waldau

SCHUTZ SUCHEN

Bunkermuseum

Der Verein Schutzbauten e.V. kümmert sich um den Erhalt von und somit die Erinnerung an Schutzräume für den Kriegsfall. Angeboten werden Führungen im Hochbunker auf der Prag, in dem eine Ausstellung zeigt, was man hamstern sollte, um sich selbst auf einen Notfall kriegerischer Art oder eine Naturkatastrophe vorzubereiten. In Mühlhausen kann ein Pionierstollen angesehen werden, der im letzten Krieg mit einfachsten Mitteln größtenteils von Frauen von Hand in den Stein getrieben wurde und in dem nur diejenige Schutz fand, die mindestens 150 Stunden mitgebuddelt hatte.

Die am häufigsten gezeigten Bunker sind die in unmittelbarer Nähe des Feuerbacher Bahnhofs. Dort hat man die Qual der Wahl: lieber den Spitzbunker besichtigen, den Stollen Wiener Platz? Oder sich doch für den Röhrenbunker oder den Tiefbunker entscheiden? Jede Führung dauert etwa 75 Minuten und bis zu zwei Führungen sind an einem Sonntag zu schaffen.

Wer auf Nummer sicher gehen will, der wählt den Atombunker, in dem bei einem atomaren Angriff immerhin 1.200 Menschen zwei Wochen lang überleben könnten. Die Sitze für die Besucher sind mit Nackenstützen ausgestattet. Und es wird darauf hingewiesen, dass im Notfall ähnlich große Schutzsuchende nebeneinandersitzen müssen, damit die Nackenkissen sie im Falle einer Detonation vor einem Genickbruch bewahren.

An alles ist gedacht: Schlafen kann man in Schichten in Stockbetten, die Luft wird mit Sand und Kohle von Radioaktivität befreit und auch der Stromgenerator ist betriebsbereit. Das Essen kann aus fröhlichem apfelgrünem und orangenem Melamingeschirr eingenommen werden. Zwar waren auch im Kalten Krieg keine Ärzte eingeteilt, doch unter 1.200 Menschen versprach man sich medizinisch geschulte Menschen, denen man eine Entbindung mit den vorhandenen Wochenbettpäckchen zutraute. Wenn sie glückt: Windeln und Penatencreme sind vorhanden. Für Babys stehen außerdem Babybettchen bereit – eine echte Sonderausstattung!

LAGE: Treffpunkt für Führungen in Feuerbach ist der Tiefbunker, Wiener Platz 5, 70469 Stuttgart

FÜHRUNGSTERMINE: www.schutzbauten-stuttgart.de/de/de/führungen/öffentlicheführungen.aspx

HALTESTELLE: Feuerbach Bahnhof

70 SICH SCHLEU-SEN LASSEN

Hafenlinie des Neckar-Käpt'ns

Die meisten Ausflügler warten am Quai, um mit der „Berta Epple" oder der „Wilhelma" den Neckar hinunter nach Marbach zu schippern, den Ausblick auf die steilen Weinberge zu genießen und Radlern auf dem Neckarradweg zuzuwinken. Der im Linienverkehr angebotene Weg nach Süden ist weniger malerisch.

Die Schiffe legen an derselben Stelle unterhalb des Rosensteins ab. Man kann aber auch nach der ersten Schleuse am Neckarpark zusteigen und sieht nun den Gaskessel in voller Schönheit – ein imposanter Anblick: Der Kessel ist Europas letzter in Betrieb befindlicher Scheibengasbehälter, in dem sich eine mit Beton beschwerte Scheibe je nach Füllmenge auf und ab bewegt. In das Stuttgarter Modell passen 300.000 Quadratmeter. Der Kessel steht unter technischem Denkmalschutz.

Bei der Weiterfahrt zeigen sich vom Schiff aus Schwimmerinnen und Schwimmer im Inselbad, wie sie vom Fünfmeterbrett hüpfen, der Reisende schaut auf das architektonisch einmalige Mercedes-Museum, auf die Motorenwerke und kommt dann, nach einer weiteren Schleuse, in den 1958 eröffneten Hafen mit drei Becken. Von den ursprünglich vier Silos im ersten Becken sind noch zwei als solche in Betrieb.

Die meisten in Stuttgart anlandenden Güter sind Baustoffe: Kies, Sand und Bims sowie andere Waren aus Natursteinen, Gips und Zement. Etwa 300.000 Tonnen werden von den Schiffen gelöscht, etwas mehr als drei Schiffe pro Tag ausgeladen. Immer mehr Containerschiffe befinden sich darunter. Nach Wunsch der Mehrheit der Stuttgarterinnen und Stuttgarter dürften sicher noch mehr Waren auf dem Wasserweg statt wie üblich auf dem Landweg mittels Lastwagen in die Stadt kommen.

Nach dem Besuch der verschiedenen Becken und den ziemlich zahlenlastigen Erklärungen an Bord kann man am Anleger im Untertürkheimer Lindenschulviertel aussteigen – oder wieder zurück durch die zwei Schleusen neckarabwärts fahren.

LAGE: Neckar-Personen-Schifffahrt, Berta Epple GmbH + Co. KG, Anlegestelle Wilhelma, 70376 Stuttgart

ABFAHRTSZEITEN UND VERKEHRSTAGE UNTER: www.neckar-kaeptn.de/fahrt-finder

HALTESTELLE ZUR ANLEGESTELLE NECKARPARK: Neckarpark

Ein Anruf eine Stunde vor Abfahrt wird empfohlen: 0711-54 99 70 60.

BUSSE BEWUNDERN

Gottlob Auwärter Museum

Sollte man sich schlaflos im Bett wälzen, hilft vielleicht ein Besuch im Museum der Familie Auwärter. Es ist an ein Hotel angeschlossen, dessen Portier Besuchern jederzeit – auch nachts – die Lichter des Museums anschaltet. Das Museum garantiert nostalgische Reiseträume.

In Stuttgart ist man mit den zwei großen Automobilmuseen verwöhnt, und so fragt sich mancher Besucher beim ersten Blick auf die zweieinhalb ausgestellten Busse im Museum und weiteren zwei im Hof: Das soll das Museum für eine Busweltmarke sein? Dieses Museum stellt die Firma vor, die die erste selbsttragende Omnibuskarosserie hergestellt hat, die den ersten Doppelstockreisebus gebaut hat, die den Niederflurbus erfunden hat, deren Busse auf fast allen Flughäfen der Welt die Fluggäste zu den Flugzeugen bringen? Echt jetzt?

Das Auwärter-Museum ist aber kein Firmenmuseum eines finanzkräftigen Konzerns. Die Neoplanbusse existieren als Marke weiterhin – sind aber Teil von MAN. Produziert wird nicht mehr in Möhringen. Das Museum ist ein Familienmuseum, in der die Familie Auwärter an die Kreativität, an die Selbstdisziplin und an die Ethik des gelernten Wagners

Gottlob Auwärter erinnert, der schon 1974 den Mut hatte, ein Werk in Ghana zu eröffnen, Busse für den dortigen Markt zu bauen und eben dort Arbeitsplätze zu schaffen. Es zeigt die Leistungen seiner Söhne Albrecht und Konrad und die des Entwicklers Bob Lee.

An einer Medienstation erfährt man in Filmen voller Zeitzeugenaussagen viel über die Entwicklung des Reisebusverkehrs nach Südeuropa und die Veränderung der Reisebedürfnisse, die Geschichte der Stadtbusse, und über die Familie, die die Entwicklungen mitprägte.

Die ausgestellten Busse, besonders der Aufbau auf ein Mercedes-Fahrwerk von 1950, verwendet für Ausflugsfahrten, und das Modell Hamburg sind perfekt restauriert. Vom Kunstblumenhalter bis zum elfenbeinfarbenen Steuerknüppel, dem Schriftzug und den Außenspiegeln zeigen sie eine große Liebe zum Detail.

LAGE: Gottlob Auwärter Museum, Vaihinger Straße 151 / Lautlinger Weg, 70567 Stuttgart

ÖFFNUNGSZEITEN: samstags 14.00–18.00 Uhr oder nach Vereinbarung; Kontakt wg. Führungen durch Susanne Auwärter: info@auwaerter-museum.de

HALTESTELLE: SSB-Zentrum

72 FRISCHMILCH TRINKEN

Reyerhof

Es ist erstaunlich, wie schnell man in Stuttgart auf dem Land sein kann. Bereits an der Haltestelle Rohrer Weg steht man mitten zwischen Feldern. Viele von ihnen, an denen entlang man zum Bauernhofgebäude in der Ortsmitte gelangt, gehören zum Reyerhof.

Südlich von der Haltestelle befindet sich ein Labyrinth, dessen Fläche dem Reyerhof gehört, das aber von Ehrenamtlichen gepflegt wird. Der Weg zur Mitte ist 175 Meter lang und führt vorbei an seltenen Gemüsesorten, Wildkräutern, Heil- und Gewürzkräutern. Die Pflanzen werden nicht geerntet, und so kann man an ihnen jedes Stadium bis zur Bildung des Samens nachvollziehen. Verirren kann man sich in dem Labyrinth nicht – es ist kein Irrgarten.

Im Gegensatz zu den meisten Stuttgarter Höfen ist der Reyerhof kein Aussiedlerhof. Die zehn Kühe mit ihren Kälbern stehen direkt im Stall neben dem Laden. Zwischen Laden und Vieh stehen Tischchen, hier gibt es Milch für alle, die mögen. Die Kühe sehen dabei zu. Es gibt auch Bauernhofeis, Cappuccino, Kuchen – und zusätzlich kann sich der Gast aus dem angebotenen Käse, den Brötchen und dem aus der hauseigenen Milch hergestellten Quark und Joghurt

ein eigenes Vesper zusammenstellen und vor Ort verzehren.

Im Hofladen wird Gemüse verkauft, das in den Gewächshäusern reift: Tomate, Gurke, Paprika und Aubergine, im Winter Salate und Kohlrabi. Vom Freiland kommen Möhren, Zwiebeln, Rote Bete, Sellerie, Lauch, Rotkohl, Weißkohl, Grünkohl, Rosenkohl, Mangold, Spinat, Chinakohl, Sommersalate, Blumenkohl, Brokkoli, Kürbisse, Zucchini, Fenchel und Zuckermais – vielfältigste Gemüsegenüsse für alle, die Wert auf Regionalität legen.

An einzelnen Tagen sind Mitglieder der Initiative Solidarische Landwirtschaft mit bei der Arbeit. Waldorfschüler absolvieren ein Praktikum und Schulklassen können Bauernhofluft schnuppern und sehen, wie viel Arbeit in dem steckt, was wir täglich essen. Die Jungviehherde ist nicht beim Hof. Sie weidet im Körschtal.

LAGE: Der Reyerhof, Unteraicher Straße 8, 70567 Stuttgart-Möhringen

ÖFFNUNGSZEITEN: Laden und Café: montags bis freitags 9.00–18.30 Uhr, samstags 8.00–13.00 Uhr

HALTESTELLE: Rohrer Weg

73

DEM GLÜCK VERTRAUEN

Spielbank Stuttgart im SI-Zentrum

Die Fassade der Spielbank besteht aus vergoldeten Würfeln, die sich im Glas des Eingangsbereichs spiegeln. Die Treppe hinunter in den Innenraum ist in rotes Licht gehüllt. Das wirkt richtig edel. Eine senkrechte Wand des Entrees ist von tropischen Schmarotzerpflanzen überwachsen. Wer eintritt, muss als Erstes seinen Personalausweis vorweisen, da in Baden-Württemberg der Eintritt in Casinos erst ab 21 Jahren gestattet ist. Falls sich kein Jackett im Kleiderschrank findet, kann man sich vor Betreten des Spielsaals auch eines ausleihen. Als Dame ist man von dieser Vorschrift ausgenommen. Allerdings sind die Frauen fast alle geschminkt und sehen teilweise aus, als wären sie zu einer Hochzeit eingeladen.

Im Inneren dominiert weiterhin die Farbe Gold. Der flauschige Teppichboden schluckt jeden Trittschall. Man hört das Klickern der Roulettekugeln, das Klappern der Jetons, jener runden Plastikchips, auf denen ein Geldwert angegeben ist, das „Nichts geht mehr", ausgesprochen von Croupiers mit schwarzer Fliege. Die Kugel rollt, schlägt irgendwann auf ein Cuvette, ein rautenförmiges Hindernis, und fällt auf die unten im Kessel angeordnete Zahlenreihe, in der sich rote und schwarze Kästchen abwechseln. Dort hüpft sie noch kurz über ein paar Zahlen, bis sie schließlich in einem Fach liegen bleibt. Jetzt wird es spannend für die internationale Spielerschar!

Zwischen den Roulettetischen sitzt, erhöht wie ein Schiedsrichter, eine Art Überwacher. Über den Tischen befinden sich Anzeigen, die bekanntgeben, wohin die Kugel gerollt ist und wie viel Prozent der letzten Gewinnzahlen gerade und ungerade waren. Im Sitzbereich werden Kaffee, edle Weine, aber auch Speisen serviert. Es gibt Schalter, an denen um Diskretion gebeten wird, da man dort die Jetons „verflüssigen" kann. Ab zwei Euro Einsatz ist jeder dabei. An den Spielautomaten benötigt man keine Jetons und es genügen Centbeträge.

LAGE: Spielbank Stuttgart, Plieninger Straße 100, 70567 Stuttgart

ÖFFNUNGSZEITEN:
Täglich 15.00–3.00 Uhr, freitags und samstags bis 4.00 Uhr; ausgenommen sind Karfreitag, Allerheiligen, Volkstrauertag, Buß- und Bettag, Totensonntag, Heiligabend und 1. Weihnachtstag.

HALTESTELLE: Salzäcker

Ab 21 Jahre, gepflegte Kleidung erwünscht

BIENEN BEOBACHTEN

Streuobstwiesenlehrpfad im Kressart

Jeder zweite Apfel in Deutschland wächst in Baden-Württemberg – und ein paar der 9,3 Millionen Streuobstbäume des Landes stehen im Kressart, einer großen Streuobstwiese, die unterhalb des Stadtteils Sonnenberg liegt. Sie wurde vor knapp 100 Jahren als städtisches Obstgut zur Versorgung städtischer Krankenhäuser, Alten- und Kinderheime angelegt.

Streuobstwiesen sind von Menschen gestaltete Natur. Sie wurden bei uns oft auf Flächen angelegt, die für den Weinbau nach der Reblauskatastrophe in der zweiten Hälfte des 19. Jahrhunderts nicht mehr rentabel waren. Gerade in Württemberg waren es die evangelischen Pfarrer, die in den Gemeinden den Streuobstanbau bewarben als eine Möglichkeit, unter den hochstämmigen Bäumen das Vieh weiden zu lassen und das ganze Jahr über vom Obst zu profitieren: trinkbar als Most, getrocknet als Apfelringe, frisch und gelagert als Back- und Tafelobst. Heute sind Streuobstbesitzer Landschaftspfleger, rentieren tut sich die Arbeit allerdings nicht. Zur Aufmunterung hat das Land immerhin eine Baumschnittprämie eingeführt, denn die Hochstämme wollen gepflegt werden.

Obwohl Streuobstwiesen ursprünglich künstlich angelegt waren, gehören sie zu den artenreichsten Landschaftsformen Europas. Allein die Zahl der in Württemberg bekannten Obstsorten beläuft sich auf 700 – natürlich wachsen nicht alle davon im Kressart. Aber auf Lehrtafeln lernt man einige kennen, etwa den Brettacher, den Bittenfelder und die Zabergäurenette. Die Zahl auf der Tafel entspricht der auf dem Stamm. Schon während der bezaubernden Kirschblüte im oberen Teil der Wiese kann man nachsehen, wie einmal die Früchte aussehen werden. Die Streuobstwiesen bieten Lebensraum für viele Vogel- und Insektenarten, die man ebenfalls auf dem Rundweg kennenlernt.

Zur Bestäubung sind Bienenstöcke aufgebaut, und die Wiese wird von Esel Jakob und mehreren Schafen beweidet. Denken Sie an den Kressart, wenn Sie sich das nächste Mal zwischen Granny Smith und einer Gewürzluike entscheiden müssen!

LAGE: Im Betzengaiern, 70597 Stuttgart-Sonnenberg

ÖFFNUNGSZEITEN: durchgängig zugänglich

HALTESTELLE: Laustraße

75

RUDERN ODER TRETEN

Bootsfahrt auf dem Max-Eyth-See

Der Max-Eyth-See war ursprünglich eine Kiesgrube, die sich durch die Gewinnung der Steinchen vergrößerte. 1936 wurde die ursprünglich mit dem Neckar verbundene Wasserfläche zu Max Eyths 100. Geburtstag nach diesem schwäbischen Tausendsassa benannt, der den Dampfpflug auf verschiedenen Kontinenten bekannt machte, ihn verbesserte, Romane schrieb, malte, unverheiratet blieb und sich im Alter um seine greise, hilfebedürftige Mutter kümmerte. Bis zum Zweiten Weltkrieg war der Max-Eyth-See ein Naherholungsziel mit Strandbad, Restaurantterrasse für 2.000 Besucher, einem Inselchen in Form eines Glückspilzes, Ausflugsschiffchen und sogar einem kleinen Leuchtturm.

Nach einer eher unspektakulären Zwischennutzung als Gemüsebeet findet man heute am Wochenende wieder kaum Platz für sein Deckchen: Es wird gegrillt, Ball gespielt, und die Bewohner der großen Wohnsiedlungen entkommen der engen Bebauung und feiern mit Freunden und Verwandten. Inliner und Räder sind um den See unterwegs. Wirklich entspannen kann man nur auf der Wasserfläche, am erholsamsten geht das beim Rudern. Ruderboote und Tretboote kann man ab dem Alter von zehn Jahren ausleihen, ins Ruderboot passen maximal drei Personen, ins Tretboot vier, abhängig vom Gewicht. Für ganz faule Kapitäne ab 16 gibt es Boote mit Elektromotor. Man darf vom Boot aus weder Enten oder Gänse füttern noch zu nahe an den Uferstreifen fahren. 20 Meter Abstand müssen sein, um die brütenden Vögel nicht zu ängstigen.

Ansonsten scheinen sich die Tiere am See wenig aus den Menschenmassen zu machen. Vier der fünf in Stuttgart heimischen Fledermausarten sind abends zu beobachten – oder mit einem Batdetector zu belauschen. Am Max-Eyth-See sind neben der Zwergfledermaus, die zwar auf der roten Liste steht, aber am See in Scharen auftritt und die gerne ihre Beute nahe einer Beleuchtung fängt, und ihrer nahen Verwandten, der Rauhaut, auch die Wasserfledermaus und der große Abendsegler unterwegs.

LAGE: Bootsvermietung Max-Eyth-See, Mühlhäuser Straße 271/1, 70378 Stuttgart

ÖFFNUNGSZEITEN: Montags bis freitags 12.00–19.00 Uhr, am Wochenende 11.00–19.00 Uhr, ausgenommen sind Regentage und kühles Wetter unter 15 °C.

HALTESTELLE: Wagrainäcker

76
MITTELALTER ERWANDERN

Vier-Burgen-Rundwanderweg

Die Stuttgarter Stadtmitte hat nicht allzu viele historische Gebäude zu bieten, was aber nicht zwingend für die Eingemeindungen gilt. Ein Wanderweg, der durch die Römerzeit über das Mittelalter ins Barock führt, beginnt an der Haltestelle „Max-Eyth-See". Die Markierung zeigt auf gelbem Grund die abstrahierte Burg von Hofen. Zehn Kilometer führt der Weg an sehr interessanten Stationen vorbei, teilweise ist er jedoch steil und man benötigt einige Puste.

Erste Sehenswürdigkeit ist das direkt am See gelegene Heideschloss, eigentlich ein römischer Gutshof. Dann geht es über das Golden Gatele, eine Hängebrücke mit diagonalen Seilen, auf die andere Neckarseite. Hier steigt man hinauf Richtung Freiberg zum Freienstein, einer alamannischen Burganlage, von der oberirdisch leider nichts mehr zu sehen ist.

Von der Engelburg jedoch sind noch die Fundamente sichtbar. Vermutlich fiel die Anlage der Feindschaft zwischen Esslingen und Württemberg nach 1250 zum Opfer. In der Schlacht bei Frankfurt hatte Esslingen auf der Seite der Staufer gekämpft, im Gegensatz zu Graf Ulrich I. von Württemberg, der sich auf die Seite des Papstes geschlagen hatte.

Die Esslinger waren damals noch eindeutig mächtiger als die Nachbarstadt, und Stuttgart musste sich 1312 neben anderen Städten Württembergs der Stadt Esslingen unterwerfen. Dabei ging wohl auch die Engelburg kaputt.

Gut erhalten dagegen ist die nächste Sehenswürdigkeit am Weg, das Palmsche Schloss, heute das Bezirksrathaus Mühlhausens. Die nächste Burg, die Heidenburg, gehörte auch zu den Burgen, die 1312 im Reichs- und Städtekrieg von den Esslingern eingenommen wurden. Die Walpurgiskapelle wird in ihrer Bedeutung von der nun auf dem Weg liegenden Veitskapelle übertroffen, deren Altar in der Staatsgalerie steht. Weiter auf dem Weg liegt die einzige Wallfahrtskirche Stuttgarts, die katholische St. Barbarakirche. Hinter der Kirche befindet sich der höchste Punkt und die höchste Burg der Wanderung, die Zwingburg derer von Hofen. Sie wurde erst im Dreißigjährigen Krieg im Streit um Nahrungsmittel zerstört. Das Schlösschen Hofen ist das letzte Adelsbauwerk auf der Rundwanderung. Von hier geht es wieder hinunter an den See.

AUSGANGSPUNKT:
Haltestelle Max-Eyth-See

77 BÄLLE VERSENKEN

Adventure Golf

Es soll Menschen geben, die bei der Frage, was für Sie Abenteuer bedeutet, eine Fahrt mit einem Porsche Cayenne nennen, einem Auto, das so tut, als wäre es ein Geländewagen und selten die Stadt verlässt.

So eine Art Abenteuer ist auch Adventure Golf, teils mit Kunstrasen bestückte, mit Markenschlägern zu bespielende Kleingolffelder mit Kurven und Hürden, aber eher mit Hindernisschen als mit Herausforderungen. Abends hilft Flutlicht den Spielenden dabei, die knallrosa Bälle wiederzufinden. Das schön gelegene Gelände, das nur ein Radweg vom Neckar trennt, ist sicher umzäunt und der Hinweis auf der Homepage, dass kein Kleiderzwang bestehe und Freizeitbekleidung erlaubt sei, lässt stutzen.

Die Regeln sind simpel: Jede Spielgruppe besteht aus ein bis vier Spielern. Jede Spielerin und jeder Spieler beginnt mit dem Abschlag und versucht, mit möglichst wenigen Schlägen den Ball einzulochen. Als Abschlag gilt der gesamte Bereich vor der Bahnennummerierung. Der Ball kann nach Belieben überall in diesem Bereich platziert werden. Locht jemand seinen Ball mit maximal zehn Schlägen nicht ein, ist die Bahn für diesen Spieler beendet und wird mit elf Schlägen gewertet. Die Summe der Schläge aller Bahnen ergibt das Endergebnis. Gewonnen hat der Spieler, der am wenigsten Schläge benötigt hat.

Wem das alles zu wenig Abenteuer bietet, der kann von Infrarostrahlern beheizt und vor Regen und Sonne durch ein Dach geschützt Abschläge üben. Es gibt ein Areal, in dem man Bälle aus dem Sand herausschlagen kann, und einen Bereich, in dem es darum geht, direkt ins Loch zu treffen. 13 Euro kostet die Nutzung der Anlage, einen mehr als das Abenteuergolfen, doch da sind die Bälle und der Leihschläger inklusive. Nach so viel Abenteuer kann man sich bei deutscher Küche oder einem Eis am Stiel draußen in einem der Liegestühle der Strandbar oder aber innen im Loungebereich entspannen.

LAGE: Citygolf Stuttgart, Wagrainstraße 13, 70378 Stuttgart

ÖFFNUNGSZEITEN: montags, mittwochs und freitags 10.00–19.00 Uhr, dienstags und donnerstags 10.00–21.00 Uhr, am Wochenende und an Feiertagen 10.00–18.00 Uhr

HALTESTELLE: Elbestraße

IM HIMMEL SCHWIMMEN

Panoramaschwimmbad Asemwald

In den meisten Stuttgarter Bädern herrscht regelmäßig Überfüllung. Recht wenige Menschen aber kennen und besuchen das höchste Bad der Stadt, das garantiert auch den besten Ausblick hat. Dort oben wird es nur bei Aquasportangeboten eng.

Es kann vorkommen, dass man das Bad für sich hat: ganz allein das warme Wasser nahe an den Wolken, ganz alleine den Terrassenbereich, der aufgeteilt ist in eine FKK-Zone und eine Zone mit Badebekleidung. Egal ob mit oder ohne Kleidung, der Blick geht wunderbar in Richtung Schwäbische Alb, man sieht Flugzeuge starten und landen, die Messe, die Autobahn und die dazwischen liegenden Felder, Wiesen, Dörfer. Knapp 70 Meter liegen zwischen Grund und Becken. Im Sommer weht dort über den Wipfeln meist ein angenehmer Wind.

Der Pool ist nirgendwo so tief, dass eine geschulte Aufsichtsperson vorgeschrieben wäre. Manchmal muss man, um eingelassen zu werden, klingeln, wenn die Dame oder der Herr, der gerade das Bad betreut, nicht an der Kasse sitzt, sondern sich um die Pflanzen auf der Terrasse kümmert. Die Bahnen haben nicht gerade Olympiamaße, aber das nimmt man gerne in Kauf, wenn

zwar nur acht Schläge im Rückenkraul möglich sind, diese aber ohne Kollision vonstattengehen können.

Das Panoramabad im 21. Stockwerk wirkt wie aus der Zeit gefallen. Es wird einmal wöchentlich gekärchert und täglich geputzt. Erneuert wurde wenig. Es entspricht auf skurrile Weise bis in die Details – den Aluminiumglastüren, den Haartrocknern, den nach Geschlechtern getrennten Kabinen und der Bar im Eingangsbereich – dem Baustil von vor ungefähr 45 Jahren. Die Wohnungen galten damals als modern, schick und zeitgemäß. Der Asemwald blieb, auch wenn man ihn heute sicher anders konzipieren würde, immer und in allen Aspekten eine gehobene Wohn- und Schwimmadresse. Das Bad steht auch Fremden offen. Sie zahlen lediglich einen Euro mehr für die Tageskarte.

LAGE: Panoramabad, Im Asemwald 54, 70599 Stuttgart

ÖFFNUNGSZEITEN: dienstags bis freitags 9.00–19.30 Uhr, samstags 9.00–16.30 Uhr, sonntags 9.00–13.00 Uhr, Schwimmbadbenutzung 30 Minuten länger, Betriebsschluss weitere 30 Minuten später

HALTESTELLE: Asemwald

POWER TO THE BAUER

Deutsches Landwirtschaftsmuseum

Das Deutsche Landwirtschaftsmuseum ist die älteste Sammlung für landwirtschaftliche Technik der Welt. Das hängt, so verrückt das auch klingen mag, mit einem Vulkanausbruch in Indonesien zusammen, aufgrund dessen es in Europa 1816 ein Jahr ohne Sommer gab. Die Bevölkerung hungerte, und so wollte der württembergische König Wilhelm I. untersuchen lassen, wie man Getreidesorten finden kann, die weniger anfällig sind gegen Missernten, und wie man den Anbau intensivieren kann.

Im Jahr 1818 gründete er in Hohenheim die landwirtschaftliche „Unterrichts-, Versuchs- und Musteranstalt". Seit damals werden Modelle gesammelt, an denen angehende Landwirte lernen konnten, welche Eggen und welche Pflüge für welche Böden oder Anbauprodukte geeignet sind. 1832 wurde die Sammlung im Hohenheimer Schloss der Öffentlichkeit zugänglich gemacht, 1834 erschien das erste gedruckte „Verzeichnis der in der Werkzeug- und Modell-Sammlung enthaltenen Gegenstände", der erste Museumskatalog.

Viele Modelle wurden in der Hohenheimer Ackergerätefabrik hergestellt. Dort hatte man keine Angst vor Plagiaten, im Gegenteil: Man hoffte durch die Modelle

Handwerker zum Nachbau der neuesten Landwirtschaftsgeräte anzuregen.

Heute wird die Modellsammlung immer noch gezeigt, doch nur Experten haben die Geduld, sich mit den Unterschieden der unzähligen Sämaschinen und Walzen zu beschäftigen, die im Hauptgebäude untergebracht sind, oder sich näher mit der Entwicklung der Zuckerrübenproduktion, der Melkmaschinen oder Flachsverarbeitung zu befassen. Kinder und Familien zieht es in die drei großen, acht Gehminuten entfernten Hallen der Traktorensammlung. Absolute Stars sind die zwei zusammengehörigen Dampfpflug-Lokomotiven. Daneben werden 70 historische Schlepper präsentiert, Mähdrescher, Vollernter, PS-Giganten unter sich.

LAGE: Deutsches Landwirtschaftsmuseum / Universität Hohenheim, Garbenstraße 9a und Filderhauptstraße 179, 70599 Stuttgart

ÖFFNUNGZEITEN: November bis März sonn- und feiertags 10.00–17.00 Uhr, geschlossen von Mitte Dezember bis Mitte Januar; April bis Oktober dienstags bis freitags 10.00-13.00 Uhr und 14.00–17.00 Uhr, samstags, sonn- und feiertags durchgehend

HALTESTELLE: Plieningen (Garbe)

80 REKORDBÄU-ME BESUCHEN

Botanischer Garten

Sonnentau kann man bei uns nur an ganz wenigen Stellen in der Natur sehen, und auch fleischfressende Pflanzen sind bei uns extrem selten – und doch haben sie die Fantasie der Menschen immer wieder angeregt. Die berühmteste Carnivore ist sicher Audrey II aus dem „Kleinen Horrorladen". Dagegen sind die Pflänzlein, die in einem der Räume des Sammlungsgewächshauses betrachtet werden können, geradezu harmlos. Viele Sonnentauarten mit ihren klebrigen Tröpfchen sind zu sehen, aber auch Kannenpflanzen und Venusfliegenfallen mit ihren an Muscheln erinnernden zwei ovalen, leuchtend grünen Schaufeln, deren Zähnchen zusammengeklappt einem Gebiss ähneln.

Im Gewächshaus in Hohenheim wird auch gezeigt, wie die Pflanzen aussehen, an denen Kaffee, Kakao, Bananen, Mangos, Ingwer, Pfeffer, Zimtrinden und andere als Leckerbissen importierte Genüsse wachsen. Faszinierend ist auch der Tisch, auf dem lebende Steine präsentiert werden. Man muss genau hinsehen, um sie von den kristallinen Steinen neben ihnen zu unterscheiden. Beheimatet sind die Lithops im südlichen Afrika. Es gibt Kakteen und andere Sukkulenten, die mit wenig Wasser auszukommen vermögen, und einen Raum mit jenen Arten, denen es nicht nass genug sein kann.

Im Gegensatz zum Sammlungsgewächshaus kann man sich an den Pflanzen im Botanischen Garten die ganze Woche über erfreuen. Das Landesarboretum Baden-Württemberg zeigt etwa 2.500 Gehölzarten. Die ältesten Bäume stammen aus der Zeit der Herzöge von Württemberg Ende des 18. Jahrhunderts. Die gelb blühende Gurkenmagnolie ist mit ihren 2,30 Meter Stammumfang deutsche Meisterin. Der ebenfalls den Rekord für Deutschland haltende Baumhasel bringt es auf einen Umfang von über vier Metern. Und selbst für die Besucher, die nicht zu jedem Schildchen gehen, um die Namen der Bäume zu studieren, ist das Arboretum ein wunderbarer Ort voll beeindruckender Riesen.

LAGE: Sammlungsgewächshaus, Aug.-v.-Hartmann-Str. 5a, 70593 Stuttgart

ÖFFNUNGSZEITEN: sonntags 12.30–15.30 Uhr; genaue Pflanzenliste: https://projekte.uni-hohenheim.de/gartenbau/sammlungshaus/Sammlungsgewaechshaus.html

HALTESTELLE: Universität Hohenheim

FRAUEN FOLGEN

Historischer Rundweg Hohenheim

Im Barock, der Erbauungszeit des Schlosses Hohenheim, stellten sich die Schlossdamen und -herren das einfache Leben auf dem Lande sehr idyllisch vor. Das ging so weit, dass Franziska von Hohenheim, die Mätresse Herzog Carl Eugens, sich im Garten ein „Dörfle", wie sie es nannte, errichten ließ, an dem der Rundweg beginnt. Hier wurden vom Adel Feste gefeiert, bei denen man sich als einfaches Volk verkleidete. Auch Friedrich Schiller musste bei Partys des Landesherrn als Bauernkind auftreten. Im Garten gab es einen fest angestellten Schäfer, der den Bewohnern ländliche Idylle vorzugaukeln hatte. Zentrum des Dörfles ist ein Spielhaus, das heute das Museum des Stadtteils beherbergt.

Neben Franziska ist auch einer weiteren für die württembergische Geschichte entscheidenden Frau ein großer Teil des Rundgangs gewidmet: Königin Katharina Pawlowa. Die ins bitterarme Württemberg verheirate Zarentochter fand Schlösser überbewertet und vertrat die Ansicht, dass eines zum Wohnen reichte. Mit ihrem Gatten, König Wilhelm I. von Württemberg, widmete sie das Hohenheimer Schloss zu einer Gartenbauschule um. Sie gründete die Sparkassen, um Bauern nach den Missernten des Jahres ohne Sommer 1816 zu günstigen Konditionen Geld für neues Saatgut zu leihen, kümmerte sich um Suppenküchen und die Ausbildung von Kindern niederer Schichten und höheren Töchtern. Ihr Mann erfand das Volksfest auf dem Wasen, um den Bauern des Königreiches dort neue Zuchterfolge bei Nutztieren und moderne Ackergeräte zu präsentieren.

Nicht verwunderlich, dass eine dritte Frau, und zwar die erste deutsche Professorin, Margarete Baronesse von Wrangell, in Hohenheim tätig war. Sie wurde hier im Januar 1923 zur ordentlichen Professorin für Agrarchemie ernannt. Die Chemikerin erforschte, wie man ohne Phosphat, das in Deutschland nicht abgebaut werden kann, erfolgreich düngt. Auch zum Gebäude, in dem sie forschte, führt der hervorragend ausgeschilderte und lehrreiche Weg.

VERANTWORTLICH:
Archiv der Universität Hohenheim,
Schloss Hohenheim,
Speisemeistereiflügel, 70593 Stuttgart

RUNDWEG:
www.uni-hohenheim.de/app oder auf
www.uni-hohenheim.de/
historischer-rundweg

HALTESTELLE: Universität Hohenheim

UNTER GLEI-CHEN SEIN

Das Clara-Zetkin-Waldheim

Waldheime sind für Stuttgart mindestens so typisch wie Brezeln oder Trollinger. In den Sommerferien fahren Busse durch Stuttgart, die die Kinder einsammeln, um sie aus dem engen Kessel hinaus auf die Höhen außerhalb Stuttgarts zu bringen. Sie spielen und essen in den Waldheimen und werden abends zum Schlafen wieder heimgebracht. Die Erwachsenen gehen meist zu Fuß, entkommen für einige Stunden der Hitze der Stadt, trinken im Waldheim ein Bier oder zwei, bestellen Maultaschen, Linsen mit Spätzle oder Kartoffelsalat – wenn das Essen fertig ist, wird man gerufen. Im Waldheim wird nicht bedient.

Inzwischen sind es nicht mehr allein die „Minderbemittelten", denen die Waldheime bei ihrer Gründung eine Gelegenheit geben sollten, an der frischen Luft zu sein. Ursprünglich war diese Institution, die es in fast allen Stadtteilen gibt und die teils von Kirchen, teils von Vereinen betrieben wird, eine Idee der Arbeiterbewegung.

Auf den von den Mitgliedern selbst angelegten Wiesen, Schaukeln, Karussells, Klettergerüsten und Bänken durften sich seit der Gründung des Waldheims Sillenbuch 1909 alle Familien vergnügen, die einen Jahresbeitrag von 20 Pfennig entrichtet hatten. „Einem kann und soll das Waldheim dienen", sagte Friedrich Zundel, der mit seiner damaligen Gattin Clara Zetkin das Waldheim in Sillenbuch mitbegründet hat, „[…] nämlich dem Besitzlosen für seine paar Feierstunden, in denen er dem Kapital nicht zu frohnden braucht, ein Plätzchen zu sichern, auf dem er als Gleicher unter Gleichen sprechen kann: Hier bin ich Mensch, hier kann ich's sein!"

Das Haus ist heute noch nach Clara Zetkin benannt, die in Stuttgart als Redakteurin die „Gleichheit" und damit auch die Arbeiterinnenbewegung geprägt hat. Sie gehörte dem Parteivorstand der SPD an. Und weil Württemberg immer etwas liberaler war als Preußen, konnte sogar ihr guter Freund Wladimir Illich Lenin sie in Sillenbuch besuchen kommen.

LAGE: Waldheim Stuttgart e. V., Gorch-Fock-Straße 26, 70619 Stuttgart-Sillenbuch

ÖFFNUNGSZEITEN: täglich außer montags 10.00–22.00 Uhr (warme Küche 10.00–14.00 und 17.00–21.30 Uhr, am Wochenende ganztags)

NATUR SCHÜTZEN

Eichenhain

Haine sind in Deutschland selten. Wenn man eine Fläche brachliegen lässt, dann kommen erst hohe Gräser, dann Brombeeren, dann junge Bäume und schwupps – wächst Wald. Die offene Mischung aus alten Bäumen und offenen Wiesenflächen kommt in Stuttgart nur unterhalb von Sillenbuch und Riedenberg vor.

Entstanden ist der Eichenhain durch Waldweide: Die Tiere wurden seit dem Mittelalter zum Fressen in den Wald getrieben. Die meisten Bäume bissen sie ab und nur wenige Exemplare konnten heranwachsen und sich ohne Konkurrenz um das Licht prächtig entwickeln. Es sind 300 bis 400 Jahre alte Stiel- und Traubeneichen. Die Tiere entnahmen den Wiesen ihr Futter und die Nährstoffe. Ein trockener, nährstoffarmer Magerrasen entstand – Heimat für blühende Kräuter und verschiedenste Insektenarten. Gras sollte möglichst spärlich sein, Heidepflanzen überwiegen.

Der Eichenhain wurde vor 60 Jahren mit zusätzlichen Buchen bepflanzt, die inzwischen aber wieder abgesägt wurden. Man versucht, die Heide zu erhalten. Schafe und besonders Ziegen werden immer wieder auf neue Flächen getrieben, um Baumschösslinge abzuknabbern und die Gräser zu vertilgen, in der Hoffnung, dass die inzwischen teilweise fetten Wiesen des Hains wieder etwas abmagern. Ungünstig ist, dass Hundebesitzer ihre Liebsten auf die Wiesen koten lassen, ohne dass sie danach das Häufchen entfernen. Sie denken, solange es nicht auf dem Weg liegt, störe es nicht. Aber der Kot bringt Nährstoffe, die Löwenzahn und Co. erfreuen, welche wiederum Buschwindröschen und Winden den Lebensraum streitig machen. Ebenso wird durch die in der Luft liegenden Stickoxide aus Kaminen und Autos die Luft zu einem weiteren, unerwünschten Dünger.

Der Eichenhain ist ein wunderbarer, sonniger Ort, um Goldammern, Amseln und Zilpzalps zu lauschen, um Spechte und Mauersegler zu sehen! Der Eichenhain ist aber auch ein empfindlicher Ort: Bleiben Sie auf den Wegen und nehmen Sie die Häufchen von Fiffi wieder mit.

LAGE: Naturschutzgebiet Eichenhain, Eichenparkstraße, 70619 Stuttgart

ÖFFNUNGSZEITEN: frei zugänglich

HALTESTELLE:
Sillenbuch oder Kolpingsiedlung

84 LAMAS LIEBEN

Andenkamele im Emerholz

Sie sind alle Individuen und unverwechselbar: Aramis etwa ist ein zotteliges, dunkles Suri-Llama; Avalon, wie es sich bei dem Namen gebührt, ein weißer Herr mit glattem Gesicht; da Vinci ist gescheckt. Dass manche Tiere aus der Ferne ein bisschen an rosa Einhörner erinnern, liegt nicht am Fell, sondern an dem roten Sand der aufgegebenen Tennisplätze, auf denen sie leben, und an ihrer Vorliebe für Sandbäder.

All diese Tiere können für Spaziergänge gebucht werden, und damit die Gäste sie nicht verwechseln, tragen die zehn Lamas auf Spaziergängen Halfter mit eingesticktem Namen. Ausgewählt werden die meist etwa einstündigen Spaziergänge von Seniorengruppen, die sich gerne auf die ruhige Fortbewegungsart der Lamas einlassen, von Junggesellinnen, die mit den männlichen Lamas und Freundinnen den letzten Abend vor der Trauung verbringen wollen, oder von Einzelpersonen, die sich einer offenen Lamatour anschließen. Angeboten werden Touren nur am Wochenende, da die Tiere von Claudia Ade als Hobby gehalten werden.

Geführt werden können sie auch schon von Kindern, die kleiner sind als die bis zu 140 Zentimeter großen Lamas, denn um Menschen zu begleiten, sind sie gezüchtet worden. Zum Rennen lassen sie sich allerdings zum Unwillen vieler bewegungshungriger kleiner Gäste selten bewegen. Die Wallache sind in der Regel gelassen und haben es nicht so eilig. In Südamerika dienen die Tiere als Transporttiere auf engen Bergpfaden. Da ist eher bedächtiges Schreiten als Rennen vorgesehen.

Kindergruppen lieben es, einen kleinen Geschicklichkeitsparcours mit einem Lama zu absolvieren, oder inmitten der Wallachherde Geburtstagskuchen zu essen. Die Lamas bevorzugen Pferdemüsli und Karotten, sind aber neugierig genug, sich auch menschliche Speisen näher anzusehen.

Lamaspaziergänge sind kein reines Sommervergnügen. Die Tiere, die in ihrer Heimat auf bis zu 5.000 Meter Höhe gehalten werden, sind in der Regel winterfester als die Stuttgarter Eingeborenen.

LAGE: Die Tiere stehen in der Nähe des Emerholzwegs.

TERMINE: info@ade-team.de, Infos: www.lamas-stuttgart.de

HALTESTELLE: Pflugfelder Straße, von dort zu Fuß ca. 1 km

85 VIERTELE SCHLOTZEN

Besenwirtschaft Zaiß

Viele Stuttgarter Winzer sind Selbstvermarkter und betreiben einen „Besen", und in dem ist es fast immer brechend voll, denn ein Besen hat maximal vier Monate im Jahr geöffnet, manchmal sogar nur wenige Tage. Es dürfen höchstens 40 Sitzplätze vorhanden sein, doch wenn man zusammenrückt, passen auch mal mehr Personen hin. Schwäbisch nennt sich das enge Zusammenrücken „Drucketse". Und so sollte man einigermaßen gesprächig sein und nicht unter Sozialphobie leiden, wenn „Drucketse" ansteht, weil mal wieder alles voll ist. Dann ist Wohlfühlen in einem traditionellen Besen garantiert.

Es gibt inzwischen einige Schummelbesen, die sich des traditionellen Namens bedienen, aber eigentlich Gaststätten sind, die vollständige Mahlzeiten servieren und in denen man sogar einen Tisch reservieren kann, statt aufzurücken. Wie erkennt man nun einen „echten" Besen?

Ein Besen muss nach Verordnung direkt auf dem Weingut liegen und darf nur eigenen Wein ausschenken, verpflichtend ist aber dennoch mindestens ein alkoholfreies Getränk. Gestattet ist nur der Verkauf einfacher Speisen: Würstchen, Maultaschen, Käseplatte, Ripple mit Kraut oder Ähnliches, denn ein Besen ist kein Restaurant. Das Essen ist an sich auch nur Nebensache, so will es das Gesetz. Es geht schließlich ums Trinken. Der Umsatz mit Speisen darf nur 50 Prozent des Gesamtumsatzes ausmachen. Und wenn der Wein geschmeckt hat, kann man eine Flasche kaufen und mit nach Hause nehmen.

Ein schöner Besen liegt zwischen Untertürkheim und Rotenberg im Gewann Gehrenwald am Rande von Luginsland. Bei schönem Wetter sitzt man unter einem mit Wein bewachsenen Dach im Freien an Bierbänken. Die Terrasse voller Blumen und Zitrusbäumchen liegt direkt neben dem Wengert. Serviert wird das Viertele in den typischen bauchigen Gläsern mit grünem Henkel. Nachmittags sind eher Senioren anzutreffen, im Laufe des Abends wird das Publikum jünger. Alter, Herkunft oder Beruf spielen keine Rolle!

LAGE: Weingut Gerhard Zaiß GbR, Besenwirtschaft, Inge Zaiß und Simone Mack, Gehrenwald, Gewann 5, 70327 Stuttgart-Untertürkheim

ÖFFNUNGSZEITEN/BESEN-TERMINE FÜR UNTERTÜRKHEIM UND ROTENBERG: www.besen.neckarufer.info

HALTESTELLE: Gehrenwald (Bus 60) oder Aspen (Bus 61)

OBERWASSER HABEN

Besichtigung des Inselkraftwerks

Warum stehen die Motorenwerke von Mercedes-Benz in Untertürkheim? Ja, wegen dem Neckar! Schon, aber nicht, weil man dort die Autos verschiffen konnte. Stuttgart hatte in den Anfängen des Automobilbaus noch keinen Hafen. Dass der Konzern seinen Standort genau hier gewählt hat, liegt am Wasserkraftwerk. Es war das erste kommunale Stromerzeugungsunternehmen im Land.

Das Inselkraftwerk wurde von 1899 bis 1902 nach den Entwürfen des Ortsbaumeisters Julius Lusser als kombiniertes Dampf- und Wasserkraftwerk errichtet. Der Legende nach ist Lusser zu Gottlieb Daimler gefahren und hat ihm erklärt, er wolle das modernste Kraftwerk mit Esslinger Francis-Turbinen bauen – ob er denn bereit wäre, eine Fabrik zu errichten. 1903 eröffnete dann tatsächlich der damalige Hauptabnehmer für Strom neben dem Kraftwerk sein Werk für benzinbetriebene Fahrzeuge, die Daimler Motorengesellschaft. Was in Untertürkheim übrig blieb an Strom, wurde an Stuttgart verkauft.

In dem kleinen Backsteinbau, in dem man bei einer zweieinhalbstündigen Führung mit einem Kopfhörer ausgestattet wird, um eine Chance zu haben, die Fachfrau für Energiegewinnung zu verstehen, beginnt also die Industriegeschichte Untertürkheims. Bei der Führung erfährt man viel über Turbinentechnik. Weil der Stromverbrauch seit 1902 beständig zunahm, wurde 1924 wieder aus Esslingen die damals erste und heute noch größte betriebene Kaplan-Turbine in Betrieb genommen.

Kaplan-Turbinen sind für den Einsatz bei niedrigen Fallhöhen und großen Wassermengen geeignet, die Flügel des wie eine Schiffsschraube anmutenden Laufrades der Turbine sind verstellbar. Als Besucher darf man einen Blick hineinwerfen. Man sieht außerdem, wie der Kanal für das Oberwasser von Ästen freigehalten wird, und wie es möglich ist, dass das Kraftwerk ohne Mitarbeiter vor Ort betrieben werden kann.

LAGE: Wasserkraftwerk Untertürkheim, Inselstraße 144, 70327 Stuttgart

BESICHTIGUNG: www.enbw.com/unternehmen/konzern/energieerzeugung/besichtigungen

FÜHRUNGEN: montags bis freitags 9.00–16.00 Uhr nach Absprache, Startpunkt am der Inselstraße zugewandten Eingang

HALTESTELLE: Untertürkheim Bahnhof

MIT ALPAKAS SPINNEN

Württemberg-Alpakas

Alpakas werden in Peru vor allen Dingen wegen ihrer Wolle gehalten – und sogar die Alpakas vom Württemberg werden jedes Jahr, sobald keine strengen Temperaturen mehr zu erwarten sind, von einem auf Alpakas spezialisierten Scherer von ihrer warmen, feinen Wolle befreit. Pro Tier können ca. sechs Kilogramm Wolle gewonnen werden, deren Fasern innen hohl sind, was ihr fantastische Dämmeigenschaften gibt. Alpakawolle ist ziemlich reißfest und feuchtigkeitsabweisend.

Die Familie Schäfer betreibt ihre Landwirtschaft im Nebenerwerb, nicht immer ist jemand vor Ort bei den Tieren. Wer Wollvlies zum Verspinnen kaufen, die Tiere kennenlernen oder aber eine Wanderung mit den Tieren buchen möchte, der sollte vorab per Mail abklären, wann das möglich ist. Inzwischen sind die Events mit den süßen, großäugigen, wuscheligen Tieren so beliebt, dass nicht mehr jeder Terminwunsch von der Familie erfüllt werden kann.

Die Tiere sind auf verschiedene Weiden verteilt. Die Damengrüppchen und die Hengstherde sind voneinander getrennt, und nur die Hengste gehen mit Touristen auf Tour. Sie sind die einzigen, die selten „beschäftigt" sind. Die Weibchen sind meist entweder schwanger oder sie haben ein Junges.

Alpakas sind auch bei uns als Nutztiere anerkannt. Die schönsten und wolligsten Hengste werden bei Wettbewerben prämiert. Manchmal ist auch ein Hengst nicht mit bei der Wanderung, weil er einen Job als Deckhengst zu erfüllen hat. Es bietet sich an, vorher nicht festzulegen, wie weit die Wanderung führen soll, sondern eher anzugeben, wie viel Zeit man mitbringt. Zwei Stunden für einen Gang sollten es aber mindestens sein, denn zuerst erfolgt eine Einführung, erst dann kann man losziehen. Es verlangt ein bisschen Übung, bis alle Spaziergänger ihr Alpaka im Griff haben: Der Weg ist das Ziel.

LAGE: Württemberg-Alpakas (Claudia und Vanessa Schäfer), 70327 Stuttgart-Untertürkheim

TERMINE FÜR WANDERUNGEN UND BUCHUNGSANFRAGEN: www.wuerttemberg-alpakas.de/Wanderungen-Events; mögliche Zeiten: montags bis donnerstags 15.00–20.00 Uhr, freitags bis sonntags 8.00–20.00 Uhr

Bitte keine Hunde mitbringen!

HALTESTELLE: Aspen

KARITATIV TRINKEN

Rohrer Seefest

Der Park im Stadtteil Rohr ist idyllisch. Wahrscheinlich haben die Rohrkolben zuerst der Wasserburg Rohr, einer Turmhügelburg von etwa 1250, deren Wassergräben vom Schlattbach versorgt wurden und deren Bewohner sich als Herren von Rohr bezeichneten, seinen Namen gegeben. Die Burg ist nicht mehr da, die schilfigen Seen blieben aber ebenso erhalten wie der Ortsname Rohr.

Das Rohrer Seefest ist noch nicht so alt wie die Burg und der Ort, aber doch das älteste „Umsonst und Draußen" in Stuttgart, also das älteste nicht kommerzielle Festival, dessen Bands ohne Gage auftreten, dessen Organisation Ehrenamtliche ebenso übernehmen wie die Bewirtung, und dessen Erlöse aus dem Verkauf von Bratwürsten, vegetarischen Burgern, Schweinehals und Getränken einem guten Zweck zugeführt werden. Empfänger waren schon das Kinderhospiz, „KOBRA e.V. – Beratungsstelle gegen sexuelle Gewalt an Kindern", der Körperbehindertenverein und andere soziale Initiativen.

Das Fest ist sehr entspannt: Die Altersstruktur der Zuhörerinnen und Zuhörer, die entweder direkt zwischen Bühne und Getränkeausgabe auf Biergarni-turen neben der gepflasterten Uferseite des Rohrer Sees sitzen, es sich auf Decken auf den Wiesen des Parks unter Bäumen bequem machen oder gar im See auf Schlauchbooten treiben, ist sehr gemischt. Es kommen auch diejenigen – inzwischen mit ihren Enkeln –, die 1974 im Jugendhausverein engagiert und von Anfang an dabei waren. Ursprünglich sollte das Fest nur den Jugendclub unterstützen, der sich von der evangelischen Kirche gelöst hatte und sich stärker gesellschaftspolitisch engagieren wollte, als es dem Kirchengemeinderat gefiel. Graue lange Haare finden sich neben Babylöckchen, als Accessoires treten Schnuller ebenso auf wie Piercings.

Die Musik ist samstags in der Regel recht metallisch, der Sonntag ist rockig, reggaeig und funkig. Das Bier ist gleichbleibend lecker. Es kommt von der Brauerei Schimpf, die nur Malz von der Schwäbischen Alb verwendet.

LAGE: Rohrer Park, Schönbuchstraße 14, 70565 Stuttgart

TERMIN: www.rohrer-seefest.de

HALTESTELLE: Rohr (S-Bahn) oder Rohr Mitte (Bus)

WATCH A MOVIE

CORSO Cinema International

Deutschland ist eine Synchronnation: Die Deutschen konsumieren fremdsprachige Filme beinahe nur mit deutschen Stimmen, was mit unserer Geschichte zu tun hat.

Nach dem Zweiten Weltkrieg zeigten die Alliierten ihre Spielfilme nicht nur zur Unterhaltung der Massen, sondern auch zur Umerziehung hin zur Demokratie. Die Deutschen hatten aber einerseits verinnerlicht, dass alles Fremde schädlich ist, andererseits sprachen sie meist keine Fremdsprachen. Die Amerikaner sahen ein, dass das Vermitteln der Inhalte nur mithilfe von Synchronisation zu meistern war. Etwa seit 1949/50 wurde in Deutschland fast jeder gezeigte Film synchronisiert, auch indische, mexikanische oder französische Originalfassungen waren von nun an eine Seltenheit. Für die Deutschen ist die Welt, die von der Leinwand mit ihnen spricht, im Normalfall deutsch.

Das macht Probleme, denn einerseits fehlt Kindern dadurch eine wichtige Motivation, sich englische Vokabeln einzubimsen. Viele kulturelle, ethnische und sprachliche Anspielungen eines Films lassen sich zudem nicht passgenau übersetzen. Außerdem ist die Originalsprechweise einer Figur auch ein wichtiges filmisches Ausdrucksmittel. Doch es gibt Abhilfe!

Seit 1984 ist CORSO eines der wenigen Kinos, in denen Filme im Original gezeigt werden. Man lauscht amerikanischem Slang und Oxford-English oder Cockney. Gut: Das strengt an, aber man hört sich schnell in die jeweilige Klangfärbung ein und gewinnt von Mal zu Mal an Verständnis. Vor dem unscheinbaren Eingang sind über der Tür traditionell die Namen der gerade gezeigten Filme in Wechselbuchstaben notiert.

Das Kino besitzt zwei Säle mit sehr bequemen Sitzen. Im kleinen Kinosaal funkeln bunte Tütenlämpchen an der Decke, ehe der Film beginnt. Der andere ist beige und ernsthafter eingerichtet. Es wird am Tresen bar bezahlt. Vor jedem Sitz gibt es eine Ablage für Bionade und Popcorn. A comfortable place to enjoy a good movie!

LAGE: CORSO Cinema International GmbH, Andreas Fuhrmann, Hauptstraße 6, 70563 Stuttgart-Vaihingen

PROGRAMM: www.corso-kino.de/sched.html

HALTESTELLE: Fauststraße

90 LANGSAM BEWEGEN

Landschildkröten-Auffangstation

Christin Kern betreibt auf ihrem privaten Grund in ihrer Freizeit eine Landschildkröten-Auffangstation für Tiere, die im Tierheim abgegeben wurden, die der Zoll beschlagnahmt hat, die aufgrund schlechter Haltungsbedingungen den Haltern enteignet wurden oder ausgesetzt aufgefunden wurden, und betreut sie, bis sie wieder ein neues Zuhause finden. Doch sie will nicht nur das Leben ihrer Schützlinge verbessern, sondern gibt Kurse für Schildkrötenhalter und alle anderen Interessierten, um ihnen zu erklären, was so eine Schildkröte braucht, um glücklich zu sein. Die Schwierigkeit: Eine Schildkröte ist geduldig und kann schlechte Laune oder Kritik nur sehr eingeschränkt äußern, hat sie doch weder eine besonders ausgeprägte Stimme noch eine Mimik. Sie hat einen Schnabel, den sie meistens hält.

Ursprünglich waren Schildkröten auch bei uns heimisch. Die älteste der Welt hat man sogar in Murrhardt im Schwäbischen Wald in einem Steinbruch als Fossil gefunden, aber heute werden die Tiere entweder hier gezüchtet oder – illegal – importiert. Und es sind bei aller zur Schau gestellten Genügsamkeit empfindliche Lebewesen, weswegen bei Führungen jeder Besucherin und jedem Besucher die Schuhsohlen desinfiziert werden – aus Sorge, man könnte in die Auffangstation Herpes einschleppen. Auch Tiere, die abgegeben werden, werden erst tierärztlich untersucht und müssen je nachdem in Quarantäne.

Bei einem Rundgang durch den Kernschen Garten lernt man viel über Breitrandschildkröten und griechische Landschildkröten. Tropische Schildkröten, wie die intelligenten Köhlerschildkröten, haben ein Gewächshaus mit hoher Luftfeuchtigkeit und einen gepflegten Außenbereich zur Verfügung. Sie werden nicht an Anfänger abgegeben, ebenso wenig wie die hübschen indischen Sternschildkröten, über deren Gewohnheiten in freier Wildbahn man nichts weiß. Publikumsliebling ist Mr. Big, eine einfach zu haltende Spornschildkröte – wenn man genügend Platz hat …

LAGE: Christin Kern, Edenkobener Straße 13, 70499 Stuttgart

FÜHRUNGEN: info@landschildkroeten-stuttgart.de

HALTESTELLE: Landauer Straße

Bitte anmelden, eine Besichtigung ohne Führung ist nicht möglich!

91 ROYAL RODELN

Schlittenbahn an Schloss Solitude

Wer heute an Schloss Solitude Schlitten fahren geht, tut das in herzoglicher Tradition. Denn Herzog Carl Eugen liebte es, hier prunkvolle Schlittenfahrten zu veranstalten, wobei er sich natürlich von Rössern ziehen ließ und der Schlitten von einem Bildhauer gefertigt war.

Um 1750 ließ er wohl gleich vier Schlitten im Atelier des Bildhauers Johann Konrad Binder schnitzen. Sie stehen heute im Schloss Urach in der dortigen, einzigartigen Prachtschlittensammlung. Die Dame saß jeweils in einer reich verzierten, gondelähnlichen Schale, der Herr stand dahinter auf den Kufen. Die Schlitten sind mit eleganten Skulpturen eines Hirsches, eines Drehleierspielers und eines ungarischen Soldaten verziert.

Die Abfahrt von Schloss Solitude ist nicht gerade halsbrecherisch, aber es ist sicher die bei Stuttgarter Familien beliebteste Rodelbahn der Stadt, wenn es denn mal wieder genug Schnee gibt. Zwar wird das Schloss Solitude seinem Namen „Einsamkeit" bei Schnee und Sonne nicht gerecht, aber das Ambiente und die Stimmung an der Abfahrt sind einmalig: Die Schlittenbahn verläuft auf der schnurgeraden Allee,

die das 13 Kilometer entfernte Schloss Ludwigsburg, in der Carl Eugen residierte, mit der Solitude verbindet. Der obere Teil ist auch für Kleinkinder gut geeignet – breit und nicht steil. Im unteren Teil führt die Strecke durch den Wald, hier wird die Piste schmaler und etwas rasanter.

Wer zwischendrin eine Pause machen will, kann sich das Rokokoschloss von innen ansehen. Bei der Standardführung ist der Blick von der Kuppel allerdings nicht dabei. Der Höhepunkt der Führung ist der sogenannte Weiße Saal des Lustschlosses. Durch das Deckengemälde öffnet er sich optisch zum Himmel hin. In der Bildmitte verkörpern Milde und Weisheit die herzoglichen Tugenden, von denen der verschwenderische und vergnügungsfreudige Carl Eugen nicht gerade ein Übermaß besessen haben mag.

LAGE: Schloss Solitude, Solitude 1, 70197 Stuttgart

SCHLOSSFÜHRUNGEN: www.schloss-solitude.de/besuchsinformation/fuehrungen-veranstaltungen

HALTESTELLE: Schloss Solitude

92 EICHHÖRN-CHEN SEIN

Waldklettergarten im Stadtpark

Besonders sportlich muss man nicht sein, um in einem Klettergarten klettern zu können – aber natürlich sollte man nicht gerade einen akuten Hexenschuss haben! Kinder müssen sieben Jahre alt sein und etwa 1,60 Meter hoch greifen können, auch etwas molligere Eichhörnchen dürfen klettern. Der Garten ist für Kletterinnen und Kletterer bis 120 Kilogramm ausgelegt.

Genau genommen geht es in dem Klettergarten auch nicht um Kraft, sondern vielmehr um Gleichgewicht, vorausschauendes Handeln und Mut, aus der Perspektive eines Baummarders oder eines Grünlings in die Tiefe zu sehen. Passieren kann nichts. Der Ausrüster Bornack stellt für Klettergärten Sicherungssysteme zur Verfügung, die sich in der Arbeitswelt bewährt haben. Außerdem wird zuerst auf einem niedrigeren Übungsparcours gezeigt, wie die Selbstsicherung mit Karabinern funktioniert. Sollte man dann oben einmal stolpern, hängt man allenfalls in den Seilen. Dennoch sollte man möglichst Schnürschuhe mit fester Sohle tragen, die großen Klunker und Ketten daheim lassen, und lieber in Jeans als im Bleistiftrock kommen. Bei leichtem Regen wird weitergeklettert, wenn aber ein Sturm aufzieht, macht der Klettergarten zu.

Nicht nur Menschen, auch die Bäume sind gesichert. Damit die Rinde nicht verletzt wird, ist sie an heiklen Stellen mit Schaumstoff ummantelt.

Die verschiedenen Routen durch die Stammregion und die Wipfel der Bäume sind nach Schwierigkeitgraden klassifiziert. Die Größe der Herausforderung wird in Eichhörnchen angegeben. Ein Eichhörnchen steht für „einfach", vier Eichhörnchen heißt, dass es schon ziemlich knifflig wird. Es geht über hängende Autoreifen, schmale Hängebrücken, schaukelnde Seilleitern und durch geflochtene Netze. Besonderer Höhepunkt ist die Fahrt mit der Seilbahn, bei der man mit viel Schwung zwischen den Bäumen hindurchrast.

Benannt sind die acht Routen nach Orten in Stuttgart: Zacke, Bopser, Hasenbergsteige, Weinsteige, Fernsehturm und Stäffele. Am höchsten liegt natürlich mit elf Metern der Fernsehturm.

LAGE: Waldklettergarten Stuttgart, Hirschsprungallee 5, 70435 Stuttgart

ÖFFNUNGSZEITEN: www.waldklettergarten-stuttgart.de/zuffenhausen

HALTESTELLE: Schlotwiese

93

TIEFSEE-GOLFEN

Black Light in Neuwirtshaus

In der Minigolfhalle in einem Industriegebiet ist es ziemlich schummrig, nur die Wandbemalung und die Hindernisse und Umrandungen der Bahnen leuchten, weil sie durch ultraviolettes Licht angestrahlt werden. Weiße Schnürsenkel und die mit Vollwaschmittel gewaschene Kleidung der Golferinnen und Golfer absorbieren das UV-Licht und strahlen es dann als sichtbares Licht wieder aus. Auch die Brillen der Spieler leuchten. Die Gläser der Spezialbrillen in schreiend bunten Fassungen, die mitgegeben werden, sind mit Folien überzogen, die die Bemalungen plastisch erscheinen lassen.

Und so spielt man Minigolf zwischen aus der Wand heraustretenden Meerestieren, einer Schildkröte, die zu den Spielenden zu schwimmen scheint, halb versteckten Muränen, einem süßen, leuchtend rosa Kugelfisch, einem weniger süßen Hai, Kalamaren und Wasserfröschen. Die Bahnen sind ziemlich einfach zu bespielen, denn zwar wird auch hier durch die Brillen das Auge getäuscht und man meint, manche Hindernisse würden in der Luft schweben. Doch es sind nicht wie bei manch anderen Schwarzlicht-Minigolfanlagen noch Zusatz-Fake-Hindernisse aufgemalt.

Die Zahl der benötigten Schläge notiert man auf einem Zettel oder gibt sie in eine App ein, je nachdem, wie technikaffin man ist. Jede Gruppe bekommt ein Getränkewägelchen mit auf den Weg durch die Tief- und Südsee – und das Spiel wird untermalt von Popsongs. Es gibt Podeste zum Ausruhen, falls die Spielgruppe groß ist oder die Mitspielenden trödeln und sich lieber mit Seeungeheuern fotografieren, statt den Ball einzulochen. Neben der Minigolfanlage gibt es einen intergalaktischen Pitpatsaal, in dem Meteoriten einzuschlagen scheinen, Saturn einem ganz nahekommt und Raumfahrzeuge unterwegs sind.

Gestaltet wurden die faszinierenden, witzigen, dreidimensionalen Welten von der Street-Art- und Graffitigruppe „The Good Hand".

LAGE: Black Light, Michael Steck, Strohgäustraße 10, 70435 Stuttgart

ÖFFNUNGSZEITEN: mittwochs bis freitags ab 15.00 Uhr, samstags, sonn- und feiertags ab 12.00 Uhr

ONLINERESERVIERUNG (EMPFEHLENSWERT): www.blacklight-stuttgart.de/site/reservieren.html

HALTESTELLE: Salzwiesenstraße

94 MIT PS ARBEITEN

Werksführung bei Porsche

Über eine geschlossene Brücke rollen die Karosserien in das dreistöckige Werksgebäude und werden nach und nach in die Produktionskette eingesetzt. Das geht wie am Schnürchen. Jeder Produktionsschritt dauert 2,54 Minuten, dann wandert das, was ein Auto werden soll, eine Station weiter. Wieder ein anderes Team aus Arbeitern in roten Poloshirts verklebt die Scheiben, fügt vorgefertigte Cockpits ein oder montiert die Sitze. 118 Stationen insgesamt passiert jede Karosserie. Acht Stunden später ist der Porsche fertig und kann nach einer Prüfung verladen werden.

Die Herstellung erfolgt in einem Modellmix: An den Besuchern ziehen verschiedenste Zweitürer mit und ohne Straßenzulassung vorbei. Alle Modelle mit Boxermotoren und die 911er-Reihe werden in Neuwirtshaus hergestellt. Die Produktion ist straff durchorganisiert. Besuchergruppen weichen nach rechts und links führerlosen Wagen aus, die aus der Kommissionierungszone an die Stelle am Band fahren, wo die jeweiligen Teile gebraucht werden. Die Fahrzeuge werden von einem Aufzug eine Etage tiefer befördert, stehen dann nicht mehr auf dem Band, sondern hängen. Monitore zeigen jedem Arbeiter an, was für ein Modell als nächstes folgt und

welche Arbeiten er zu erledigen hat. Die Logistik, die in dem Produktionsprozess steckt, begeistert. Jede Karosse hat einen Barcode am Heck, jedes Auto, das die Halle verlässt, ist schon verkauft. Die Hallen sind hell. Es gibt Kaffeeecken und Topfpflanzen in Hydrokultur.

Eine Werksbesichtigung führt einem das ganze Dilemma Stuttgarts vor Augen: Die Stadt und viele Menschen in ihr leben von der Produktion von Klimakillern. Wie mag es den Menschen gehen, die hier nach Takt arbeiten und wissen, dass sie sich mit jedem Auto, an dem sie einen Handgriff verrichten, mitschuldig machen und die dennoch damit ihren Lebensunterhalt verdienen (müssen)? Man geht als Besucher heraus, glücklich, nicht in ihrem roten Hemd zu stecken! Um etwas mehr Umweltverträglichkeit bemüht sich der Konzern beim Elektro-Porsche, für den ein neues Produktionsgebäude errichtet wurde.

LAGE: Dr. Ing. h.c. F. Porsche AG, Porscheplatz 1, 70435 Stuttgart

FÜHRUNGEN: Zu buchen unter fuehrungen@porsche.de. Sie beginnen im Empfangsbereich des Porsche Museums.

HALTESTELLE: Neuwirtshaus / Porscheplatz

95

IM SEPAREE SINGEN

STEREO Karaokebar

Im gleichen Gebäude wie ein Autoteilehändler, gelegen im Industriegebiet neben McDonald's und einem nicht gerade anheimelnden Achat-Hotel, wirkt die Bar von außen spelunkig. Und das Schild an der Tür, das darauf hinweist, es gebe Separees, macht den äußeren Eindruck auch nicht seriöser. Doch wenn man es gewagt hat, einzutreten in diese andere Welt, wird man gefesselt sein vom skurrilen Reiz des Ortes – und der Auswahl leckerer und nicht überteuerter Cocktails.

In Stuttgart gibt es einige Lokale, die ab und an Karaoke anbieten, aber die STEREO Karaokebar ist die erste authentisch asiatische Bar mit technisch hervorragend ausgestatteten Kabinen für verschiedene Anlässe und Geschmäcker, in denen Gruppen unter sich nach Herzenslust trällern können.

Speziell für Junggesellinnenabschiede gibt es einen Raum mit einem Thron mit Spitzenbaldachin, mit geschliffenen Glassteinen versehenen roten Samt-Polstermöbeln, rosa Herzkissen, rosa Percussioninstrumenten und natürlich einer Discokugel, einem Soundsystem, einem Mikro und einem Bildschirm zur Titelauswahl. Auch im Angebot sind ein in Grau gehaltener und mit einem

Spieltisch versehener Raum und mehrere kleinere Räume mit Graffiti, das Jazzinstrumente zeigt. Bei geschlossener Tür kann das Personal nur durch eine Art Bullauge hineinsehen.

Gebucht werden können die auffallend sauberen, gepflegten Räume für 20 Euro (sechs Personen) bis 150 Euro (35 Personen) oder als Arrangements, die die Raummiete, mehrere Kannen Tee, Wasser oder Cocktails beinhalten.

Oder man setzt sich in die Lounge, wo jeder Platz mit einem Stecker ausgestattet ist, um das eigene Smartphone mit dem Musikcomputer zu verbinden, auf dem über eine Million Lieder zur Verfügung stehen, und zusätzlich mit einer Lampe, bei der man durch Farbveränderung den Kellner rufen kann. Noch zur Info: Singzwang besteht nicht!

LAGE: STEREO Karaokebar, Wollinstraße 4, 70439 Stuttgart

ÖFFNUNGSZEITEN: mittwochs und donnerstags 18.00–2.00 Uhr, freitags und samstags 18.00–3.00 Uhr, Sonderöffnungszeiten nach Vereinbarung unter info@stereokaraokebar.de oder Tel. 0711-36 59 67 81

HALTESTELLE: Wollinstraße

STADTGEBIET-
ÜBERGREIFEND

KAUFEN UND SCHWÄTZEN

Wochenmärkte

Ein Marktbesuch bietet eine ganz andere Sinnlichkeit als ein Discounter. Man geht mit seinem Korb oder seinem Trolley in erster Linie wegen des frischen Angebots auf den Markt und berauscht sich an den Farben und Gerüchen, aber man kommt auch in der Hoffnung, jemanden auf ein Schwätzle zu treffen.

In Stuttgart gibt es 29 Wochenmärkte. Am Dienstag und Donnerstag kann man von 7.00–13.00 Uhr und am Samstag von 7.00–13.30 Uhr auf dem Marktplatz und dem Schillerplatz in der Stadtmitte einkaufen. Viele Marktbeschicker bieten eine Mischung aus Eigenprodukten und Zugekauftem an. So bringt der Landwirt Daniel Hoffmeier seine selbst angebauten Weinbergpfirsiche mit, die Orangen jedoch werden importiert. Es gibt an den Ständen Obstbrände aus den Berglen, Erdbeeren aus dem Remstal, und jede Menge Chilipflänzchen und Kräuter aus Esslingen. Um die Statue des Dichters sind auf dem Schillerplatz die Blumenstände angeordnet.

Ein sehens- und erlebenswerter Markt findet in Bad Cannstatt dienstags, donnerstags und samstags am Vormittag statt. Am Stand des Hofes Lautenecker gibt es neben Obst und Gemüse selbst gemachte Maultaschen, Fruchtaufstriche und Knödel, die man schnell daheim zubereiten kann, wenn man sich dann doch bei einem Schwätzle glücklich verquatscht hat. Das Fleisch gibt es bei Stefans Wurstlädle von Hällischen Schweinen.

Freitags ist Markt auf dem Ostendplatz. Dort kann man beim Champignon-Müller, der alle möglichen Obst- und Gemüsesorten hat, den Spargel gleich schälen lassen, und er hat sogar eine Ananasschälmaschine dabei. Man muss nur eine Dose mitbringen, um die nackige Ananas druckfrei nach Hause zu transportieren.

Ein empfehlenswerter Markt findet sich auch in Stuttgart-Vaihingen. Mittwochs von 7.00 Uhr bis 12.30 Uhr bekommt man dort etwa echtes Spitzkraut vom Bärenhof auf den Fildern, einem Bauernhof, dessen Gewächshäuser mit Photovoltaik beheizt werden und der Regenwasser nutzt.

LAGE UND ÖFFNUNGSZEITEN:
Ein Verzeichnis der Märkte, ihrer Stände und Öffnungszeiten findet man unter www.stuttgarter-wochenmaerkte.de/maerkte-staende/uebersicht.

97

TREPPEN STEIGEN

Stäffeles-Contest

Die Baden-Württemberger sind unter allen Deutschen am langlebigsten. Woran das wohl liegt? Zumindest bei den Stuttgartern liegt der Grund auf der Hand: Medizinstatistiker haben in einer Rechnung ermittelt, dass jede Stufe treppauf das Leben um drei, vier Sekunden verlängert. Und wer in Stuttgart zu Fuß unterwegs ist, der trainiert das Treppensteigen ausgiebig: Stuttgart ist berühmt für seine sogenannten Stäffele!

Ein sportlicher Wettbewerb: Jede Mitspielerin und jeder Mitspieler arbeiten auf dem Stadtplan eine Stadtwanderung aus, deren Dauer vorher festzulegen ist – ebenso wie die Frage, ob zwischendrin öffentliche Verkehrsmittel benutzt werden dürfen. Dann wird jeden Sonntag ein neuer Vorschlag gewandert und die Treppenstufen gezählt, entweder nur die aufwärts oder alle zusammen. Bei allem sportlichen Ehrgeiz: Vergessen Sie nicht, oben jeweils auch die Aussicht zu genießen. Welche Tour bietet die meisten Stufen?

Auch wenn Sie eine ausgearbeitete Tour wünschen statt selbst zu tüfteln, haben Sie eine große Auswahl. Der Anbieter mit den meisten Stäffelestouren in allen aufstiegsrelevanten Stadtbezirken und auch von Touren bei Nacht oder auf Englisch ist Oliver Mirkes.

Die Mehrzahl der Stäffele geht auf alte Weinbergstaffeln zurück, die von den Tälern und dem Kessel die Hänge hinaufführten und dem Transport der Trauben in der Bütte dienten. Als Stuttgart wuchs, wurden die Wegverläufe beibehalten, die Staffeln aber verbreitert, teilweise mit Aussichtsplattformen und Denkmälern aufgepeppt. Sie bieten einen direkteren Weg nach oben als die für den Verkehr gebauten Straßen. Es ist ruhig auf ihnen und viele sind idyllisch bewachsen.

Die Sünderstaffel ist von Kastanien beschattet, hat ein verziertes Geländer und wird von einem Rondell mit Baum geschmückt. Oben an der Eugensstaffel, die eher eine steile Parkanlage ist, liegt der Galateabrunnen, und noch weiter oben lockt ein Eis beim „Pinguin". Die lange und schmale Buchwaldstaffel führt von Gaisburg malerisch zwischen Gärten hindurch. Das Pfarrwegle in Heslach wiederum bietet eine Aussicht auf die Villa Reitzenstein. Viele Staffeln sind namenlos, nur an 50 ist ein Straßenschild angebracht.

INFO: www.stuttgarter-staeffelestour.de

DEN KESSEL UMRUNDEN

Rösslewanderweg

Die Stuttgarter sind in ihrem Protest gegen Großprojekte bekanntermaßen kreativ. Das waren sie schon Ende der 1960er-Jahre, als eine Ringstraße um den Stuttgarter Talkessel geplant wurde.

Um darauf aufmerksam zu machen, welch schöne Gebiete dadurch zerstückelt würden, legte der Stuttgarter Verschönerungsverein zusammen mit dem Schwäbischen Albverein den Rösslewanderweg an, der etwa dem Verlauf der geplanten Trasse folgt und immer wieder spektakuläre Blicke ins Tal ermöglicht. Sein Wanderwegszeichen ist ein mit einem gelben Ring umrandetes Rössle, das Stadtwappentier. Mit seinen 54 Kilometern ist er nicht zum Erwandern an einem Tag gedacht, aber man kann ihn an verschiedenen Stellen unterbrechen, mit dem öffentlichen Nahverkehr heimfahren und ein andermal weitergehen.

Da die Markierungen mancherorts etwas ausgebleicht und verwittert sind, empfiehlt es sich, für zwei Euro am I-Punkt am Hauptbahnhof die Wanderkarte zu kaufen. Die bietet neben Orientierung auch viel Wissenswertes über die Landschaft und kulturgeschichtliche Besonderheiten, die passiert werden. Und für die, denen 54 Kilometer nicht genug sind, sind auch der Schlössleweg und der Jubiläumsweg eingezeichnet.

Der Weg führt im Westen hauptsächlich durch Wälder, im Osten durch Weinberge. Man kommt über den Monte Scherbelino, den Birkenkopf, Stuttgarts einzigen Berg mit Kreuz, das aber weniger als Gipfelkreuz gedacht ist als als Gedächtniskreuz für die Opfer der Bombennächte im Zweiten Weltkrieg. Die Trümmer wurden auf den Birkenkopf gebracht.

Der höchste Punkt der Wanderung, die auf befestigten, eher breiten Wegen verläuft, ist der Fernsehturm. Er ist ein Wahrzeichen der Stadt. Die 1956 eröffnete Nadel aus Stahlbeton, in der ein Aufzug Besucher auf eine Aussichtsebene bringt, wurde weltweit zum architektonischen Vorbild. Offizieller Ausgangs- und Endpunkt der Wanderung ist der kleine Park Gerocksruhe, von dem man schon einen Teil des Wegs überblicken kann und der einen herrlichen Ausblick auf die typische südwestdeutsche Schichtstufenlandschaft bietet.

INFO: Verschönerungsverein Stuttgart e. V., Weberstraße 2, 70182 Stuttgart

HALTESTELLE AM AUSGANGSPUNKT: Gerocksruhe

IM SAND CHILLEN

Stadtstrände am Neckar und anderswo

Die Stuttgarter beneiden mehrheit-lich München um die Isar, Berlin um die Spree und Köln um den Rhein. Der Nesenbach ist eben doch kein besonders spannendes Gewässer und größtenteils verdohlt. Und so muss man schon an den Neckar fahren, um Schiffe zu sehen und Wasser zu genießen.

Der Neckar ist eine Schifffahrtsstraße und nur an wenigen Stellen Nah-erholungsgebiet. Am Stadtstrand aber ist es gelungen, eine Prise Fernweh-atmosphäre zu zaubern mit Sanddünen, Liegestühlen, einem Beachvolleyballfeld und Sonnenschirmen. Hier, gegenüber der Wilhelma, gibt es Cocktails, Burger und kühles Bier. Jeden dritten Sonntag im Monat kümmern sich abwechselnd Live-Bands und DJs um musikalische Sommerstimmung. Geöffnet wird, wenn das Wetter es zulässt, und an sonnigen Tagen ist es tatsächlich schwer, abends ein Plätzchen zu finden. Familien brin-gen oft Handtücher mit und Sandelsa-chen, Bäume spenden Schatten.

Ganz ohne Wasser kommen andere Stuttgarter Strände aus. 100 Tonnen Sand, Liegestühle und Betten ver-wandeln im Sommer das Dach der Galeria Kaufhof in einen Strand, den „Sky Beach" mit Palmen, direkt an der Königsstraße, der weniger familiär, dafür etwas mehr schickimicki wirkt. Im Herbst weicht der Sand, und das Dach wird mit Riesengräsern zu „Sky Nature" mit beheizbarer Dachbar und Heiß-getränken, zum Winter hin verwandelt sich die Dachterrasse dann in einen Na-delwald. So viel Logistik hat natürlich ihren Preis, der sich bei den Getränken niederschlägt.

Der relaxteste Strand ist der, den die Studierenden ehrenamtlich direkt an der Uni Vaihingen betreiben. Jeder kann sich in eine Mitarbeiterliste ein-tragen und mitmachen. Am „Campus Beach" wird ab und an gegrillt, teil-weise ohne Preisliste, sondern gegen Spende. Es gibt „Malle-Abende" mit Strandschlagern und Sangria aus Eimern, Tischkickerturniere und Bene-fizkonzerte. Im Sand chillen geht also auch ohne Wasser.

LAGE: Campus Beach in Stuttgart-Vaihingen: montags bis samstags 13.00–21.00 Uhr;
Sky Beach: Anfang April bis Mitte September montags 12.00–23.00 Uhr, dienstags bis samstags 12.00–0.30 Uhr, sonntags 13.00–23.00 Uhr
Die Öffnungszeiten sind wetterabhängig.

REITEN, BAUEN, ACKERN

Jugendfarmen

Edgar und Thyra Böhm hatten ein Häuschen im Elsental und hielten Ponys für ihre Tochter. Doch – so stellte Thyra Böhm schnell fest – Kinder haben einen Instinkt dafür, wo sie Tiere finden können. Sie wollen mit Tieren in Kontakt treten und sein. So fanden sich am Haus der Böhms immer mehr Kinder ein, im Jahr 1969 waren es teilweise 300 (!) – und alle durften bleiben.

Die Böhms fanden es wichtig, dass Kinder die Möglichkeit bekommen, draußen zu spielen, sich gemeinsam um Tiere und Pflanzen zu kümmern. Sie konnten nun aber die Betreuung der Kinder nicht mehr allein stemmen, und so wurde die Jugendfarm im Elsental zur ersten Institution dieser Art in Stuttgart und in ganz Deutschland. Thyra Böhm blieb bis zu ihrem Tod 2011 auf der Farm wohnen, saß im Alter mit dem Spinnrad vor ihrem Haus und genoss den Trubel um sich herum. In der Zwischenzeit hatten sich in vielen Stuttgarter Stadtteilen Jugendfarmvereine gegründet.

Jeder Hof wird durch einen selbstständigen Trägerverein ehrenamtlich betrieben. Oft sind es morgens Schülerinnen und Schüler aus Sonderschulen, denen pädagogisches Reiten angeboten wird und die bei der landwirtschaftlichen Arbeit sozialen Zusammenhalt und Verantwortung erlernen. Nachmittags stehen die Farmen allen Schulkindern bis zum Alter von 15 Jahren offen.

Ein großer Teil der Stuttgarter Kinder verbringt in den Ferien so gut wie jeden Tag auf der Jugendfarm. Manche haben Brotbacköfen, andere Werkstätten. Viele halten Hühner, deren Eier mit den Kindern gemeinsam verarbeitet werden. Heute sind die Betreuerinnen und Betreuer auf den Jugendfarmen ausgebildete Erzieherinnen und Erzieher oder haben ein pädagogisches Studium absolviert.

Die Kinder dürfen sehr viel allein machen. Die Jugendfarmen wollen das Selbstbewusstsein der Kinder stärken – und dafür muss man auch mit Feuer oder Werkzeug umgehen dürfen. Für Kinder unter sechs Jahren sind die Jugendfarmen zwar auch offen, doch in der Regel dürfen sie nur in Begleitung von Erwachsenen mitmachen.

ORGANISATION: Bund der Jugendfarmen und Aktivspielplätze e. V., Balinger Straße 15, 70567 Stuttgart-Möhringen

LISTE DER STUTTGARTER JUGENDFARMEN: www.jugendhaus.net/home/asp_jufa/liste.html

BERG- UND TALFAHREN

Radelthon

Am Seilerwasen in Stuttgart-Bad Cannstatt, gegenüber der Wilhelma, liegt der offizielle Start- und Zielpunkt der 83 Kilometer langen Fahrradstrecke rund um Stuttgart, die nur teilweise asphaltiert, aber gut befestigt ist. Sie wartet mit fordernden Aufstiegen und rasanten Abfahrten auf und ist mit grünen Symbolen in beide Richtungen ausgeschildert. Man kann sich entscheiden, mit (roter Pfeil) oder gegen (schwarzer Pfeil) den Uhrzeigersinn zu fahren. Die Tafel am Streckenstart informiert über den Verlauf und das Höhenprofil der Tour. Sie zeigt auch, wo es günstig ist, in die Strecke einzusteigen, oder in welche S-Bahn oder Stadtbahn man steigen kann, wenn man müde Beine vom Strampeln bekommt.

Von Bad Cannstatt aus führt die Route am Neckar entlang nach Münster und Mühlhausen, dann über Zazenhausen, dem nach Cannstatt zweitältesten Ort auf Stuttgarter Gemarkung, hinauf nach Stammheim, über Neuwirtshaus und Korntal nach Weilimdorf. Nun fährt man durchs Lindental weiter. Hier liegen das katholische und das evangelische Waldheim traut nebeneinander und bieten im Sommer sonntags, die Katholiken auch samstags und mittwochs, Würstchen, Kuchen und Kaffee an.

Anschließend geht es am Friedhof von Wolfsbusch entlang und dann durch den Rot- und Schwarzwildpark, am Neuen See und am Max-Planck-Institut bei Büsnau vorbei zum Katzenbacher Hof. Im schattigen Biergarten mit riesigem Kinderspielplatz sollte man sich unbedingt eine Pause gönnen. Jetzt geht der Weg weiter an den „Patch Baracks" vorbei über die Rohrer Höhe, den höchsten Punkt des Radelthons, nach Möhringen und über Fasanenhof hinunter ins Körschtal, an Steckfeld vorbei und in Richtung Birkach. Durchs Ramsbachtal und Schönberg radelt man nach Sillenbuch und rollt anschließend hinab nach Rohracker und Hedelfingen. Nun geht es durch Obertürkheim und Untertürkheim mit wunderbarem Blick auf die Grabkapelle auf dem Württemberg zum Seilerwasen zurück.

> **INFO:** Da die Beschilderung an manchen Stellen Lücken hat, ist es sinnvoll, die Routenkarte zu kaufen. Die gibt es für fünf Euro an der Infothek im Rathaus, im Amt für Sport und Bewegung, in der Kronenstraße 20 und in manchen Bezirksrathäusern.
>
> **HALTESTELLE:** Bad Cannstatt Wilhelmsplatz oder Rosensteinbrücke
>
> Für Rennräder nicht geeignet.